Erika Kazemi-Veisari
Offene Planung im Kindergarten

Erika Kazemi-Veisari

Offene Planung im Kindergarten

Ideen und Hilfen

Herder
Freiburg · Basel · Wien

Gedruckt auf umweltfreundlichem,
chlorfrei gebleichtem Papier

2. Auflage

Einbandgestaltung: Meike Hürster, Freiburg

Alle Rechte vorbehalten – Printed in Germany
© Verlag Herder Freiburg im Breisgau 1996
Satz: G. Scheydecker, Freiburg im Breisgau
Druck und Bindung: Freiburger Graphische Betriebe 1998
ISBN 3-451-23583-8

Inhalt

Zu diesem Buch

Welch ein Glück für die Kinder, daß es im Kindergarten keinen Lehrplan gibt, der fordert, was, wann und auf welche Weise gelernt werden muß.

Welch ein Glück aber auch für die Erzieherin, daß sie sehr viel Freiheit hat, ihre Arbeit mit den Kindern so zu gestalten, wie es die jeweiligen Verhältnisse und Situationen erforderlich und möglich machen.

Jede Erzieherin hat während ihrer Ausbildung etwas über Planung im Kindergarten gehört. Die Erfahrung aus Fortbildungen für Erzieherinnen zeigt, daß die Vorstellungen von Planung sehr unterschiedlich sind. Das Spektrum der Ansichten darüber reicht von einem genau aufgestellten Zeitplan bis zu der irrtümlichen Meinung einiger junger Erzieherinnen, daß mit dem situationsorientierten Ansatz Planung überflüssig geworden sei.

In diesem Buch geht es um die offene Planung im Kindergarten. Wer sich mit diesem Thema befaßt, wird bald entdecken, daß die offene Planung eine anspruchsvolle Planung ist. Ihre Grundlage ist der Respekt vor der Persönlichkeit jedes einzelnen Kindes. Der Umgang mit der Zeit und die Gestaltung der Räumlichkeit des Kindergartens sind ebenfalls wichtige Aspekte der offenen Planung. Der Erzieherin ermöglicht sie viele neue, positive Erfahrungen mit den Kindern.

Kinder, die auf diese Weise die Welt erfahren dürfen, werden das mit Spaß und Freude tun, und ihre Eltern werden sich davon überzeugen lassen, daß dann ein Wochenplan an der Tür des Gruppenzimmers nicht mehr notwendig ist.

Marta Högemann

Vorwort

Dieses Buch greift ein Thema auf, das seit Jahrzehnten in Kindergärten, in Praxis und Fortbildungen immer wieder als Problem formuliert wird: die Frage nämlich, wie die Arbeit im Kindergarten geplant werden kann.

In den nachfolgenden Kapiteln wird entschieden für eine „Offene Planung" plädiert.

Bei dieser Planung ist der Alltag im Kindergarten an den Lebenswelten der Kinder orientiert; er wird im Dialog mit ihnen strukturiert und auf ihre individuellen und kollektiven Bedürfnisse abgestimmt.

Offene Planung stellt so die Kinder als handelnde, denkende, fühlende und wertende Personen in den Mittelpunkt – im Gegensatz zur geschlossenen Planung, die Kinder Programmen unterwirft, in denen Inhalte, Zwecke und Formen ihres Lernens nach „pädagogisch" formulierten Kriterien festgeschrieben werden.

Juli 1996   *Erika Kazemi-Veisari*

1. Lebenszeit wird Erlebenszeit: Erlebnisse verändern Zeitrhythmen

Organisierte Zeit oder ermöglichte Zeit

Beispiel 1: Bauarbeiter verändern den Kindergartenalltag

Auf dem Außengelände unseres Kindergartens beginnen eines Tages Bauarbeiter, die Erde auszuheben. Am zweiten Tag erkundigen die 4–5jährigen Kinder sich bei mir, was da vor sich gehe. Mir selbst erscheint diese Frage unwichtig, da die Arbeiten im Auftrag der anliegenden Schule ausgeführt werden und mit unserem Kindergarten nichts zu tun haben. Ich sitze gestreßt über Büroarbeiten, die ich viel drängender finde als die Frage der Kinder. Ich speise sie mit einem „Weiß ich auch nicht" ab und schicke sie gereizt weg. Dabei hinterlasse ich sehr deutlich den Eindruck, daß sie mich mit Nichtigkeiten gestört haben.

Kaum sind die Kinder aus der Tür, komme ich „zur Besinnung". Ich lasse meine Listen und Abrechnungsbücher liegen, laufe hinter den Kindern her und sage ihnen, daß sie Recht gehabt hätten mit ihrer Frage. Sie hätten mich neugierig gemacht. Auch ich möchte nun gerne wissen, was genau vor unserer Tür geschieht. Ich bin froh, daß sie mich auf diese Frage gestoßen haben. Ich mache ihnen den Vorschlag, zusammen zu den Bauarbeitern zu gehen und diese selbst zu fragen. Die Männer scheinen überrascht, daß sich die Kinder für ihre Arbeit interessieren. Zugleich wirken sie unsicher, weil sie nicht wissen, wie Kindern auf solche Fragen geantwortet werden kann. Sie wollen uns zunächst glauben machen, daß das Loch, das sie da gebuddelt haben, der Beginn einer neuen U-Bahn-Linie sei. Die Kinder lassen sich nicht irritieren, sondern beginnen mit den Männern über diese Möglichkeit zu diskutieren. Sie sagen, daß das unmöglich wahr sein könne, weil die nächste U-Bahn-Station sich unweit vom Kindergarten befinde. Schließlich erfahren wir, daß es sich um Kanalisationsarbeiten handelt.

Als die Kinder wieder in die Gruppe gehen, bleiben sie angeregt im Gespräch. Es wird sehr deutlich, was sie beeindruckt: vor allem die Menschen selbst, dann aber auch die Männer in ihrer Berufskleidung, mit ihren Werkzeugen, ihre Art zu sprechen, sich zu bewegen und ihre Tätigkeit. Die Kinder signalisieren großes Interesse an dieser Erwachsenengruppe. Immer wieder stehen sie in den nächsten Tagen bei den Bauarbeitern, sehen ihnen zu und suchen das Gespräch. Schließlich schlagen die Erzieherinnen[*] den Kindern vor, die Männer zum Frühstück in ihre Gruppe einzuladen. Eine Kinderabordnung geht zur Baugrube, um den Bauarbeitern die Einladung zu überbringen. Diese verweisen auf „den Boss", der das entscheiden müsse. Es gelingt den Kindern, diesen zur Zustimmung zu bewegen. Dabei stellt sich auch heraus, daß die Frühstückspausen der Kinder und der Bauarbeiter unterschiedlich sind. Man muß sich auf eine gemeinsame Zeit einigen, was Rücksprachen und Koordination erfordert.

Es muß auch geklärt werden, was den Männern zum Frühstück anzubieten ist. Diese geben die Auskunft, daß sie ihr Brot selbst dabei hätten, ein „Pott Kaffee" aber prima wäre.

Zur Vorbereitung des Ereignisses überlegen sich alle Kinder der Gruppe zusammen mit der Erzieherin Fragen, die sie an die Gäste stellen wollen.

Dann findet das gemeinsame Frühstück statt. Die Männer müssen sich auf kleine Kinderstühle hokken und finden, daß das eine lustige und ungewohnte Erfahrung ist. Sie packen ihre Frühstücksbrote aus, die sie in Brotdosen transportieren, die mit kräftigen Gummibändern zusammengehalten werden. Ihre Brote erscheinen gegenüber den Schnittchen der Kinder riesig. Bevor sie sie auspacken, legen sie ihre Arbeitshandschuhe ab. Während des Frühstücks entwickelt sich ein lebhaftes

---

[*] Wenn hier durchgehend die weibliche Schreibart gebraucht wird, so sind männliche Erzieher damit nicht ausgeschlossen!

Gespräch, in das sich die Bauarbeiter nach und nach einlassen können. Dieses Gespräch wird aufgenommen, um es später in der Gruppe abhören zu können und zur Verarbeitung wieder lebendig werden zu lassen. Die Kinder interessiert nicht nur der Beruf, sie fragen auch danach, ob die Männer Kinder haben, wo sie wohnen, ob ihnen Spaß macht, was sie tun, wer ihre Frühstücksbrote macht, wie sie kräftig genug für ihre Arbeit werden, wie sie gelernt haben, das tun zu können, ob sie reich dabei werden. Es wird ein langes Frühstück, zu dessen Ende ein Bauarbeiter der Kindergruppe seine Arbeitshandschuhe schenkt.

In den folgenden Tagen bauen die Kinder vorzugsweise mit diesen Arbeitshandschuhen – egal, ob es ihnen dabei schwerer fällt, die kleinen Bausteine zu greifen oder nicht. Es ist ein Ernst in ihr Spiel gekommen, den sie hoch bewerten. Es entwickeln sich Streitereien um dieses eine Paar Handschuhe, so daß wir uns entschließen, mehrere Paare anzuschaffen. Das Bauen wird zur bevorzugten Tätigkeit der Gruppe. Aber die Kinder merken auch, daß das „Baumaterial", das ihnen zur Verfügung steht, nicht „echt" ist, nicht so echt wie die Handschuhe, die sie zum „Bauen" benutzen.

So entschließen wir uns, eine Ladung Ziegelsteine zu ordern. Ein Kipplaster lädt den Ziegelsteinberg an der Straße ab, und wir alle – Kinder und Erwachsene – müssen die Steine auf unser Gelände schaffen. Dabei werden wir sehr erfindungsreich: Wir bilden Ketten und geben die Steine vom einen zum anderen weiter. Wir finden Eimer, Kisten, Schubkar-

14

ren und andere Behältnisse zum Transport und merken dabei auch, daß gegenseitige Hilfe sehr nützlich ist. Vor allem aber erleben wir, daß jetzt die Arbeitshandschuhe gebraucht werden: Sie verhindern Druckstellen und Verletzungen, schützen auch vor der Kälte der Ziegelsteine. Einige Tage wird im Außengelände mit den Ziegelsteinen gebaut: Mauern, Grundrisse, Platten werden gelegt und geschichtet. Die Kinder erleben die Brüchigkeit bei zu heftigen Stößen und sehen mit Erstaunen das „weiße Pulver", das von den Steinen abfällt. Sie probieren aus, wie eine Mauer am besten hält und entdecken den versetzten Fugenbau. Sie achten sowohl auf die Steine als auch auf die Handschuhe, weil ihnen beides wichtig genug ist. Andere Kinder beschäftigen sich weiter mit den Bauarbeitern und schauen ihnen bei der Arbeit zu, stellen ihre Fragen und bekommen dann und wann ein Teilchen von der Baustelle geschenkt, das sie in ihr Spiel integrieren. Einzelne Kinder holen sich einen Fotoapparat aus der Gruppe und machen Aufnahmen von den Bauarbeitern. Uns faszinieren die Ausschnitte, die sie fotografieren. Wir staunen über die Motive, die sie wählen und die ahnen lassen, was die Kinder beeindruckt. Die Fotos werden mit den Kindern entwickelt und im Gruppenraum ausgehängt.

Schließlich regen wir die Kinder dazu an, die Ziegelsteine „in echt" zu verbauen. Sie lernen, Mörtel anzumischen (und wir auch!) und bauen gemeinsam mit einer Erzieherin eine große Kiste im Außengelände, in der in Zukunft die Materialien für das Spiel im Freien aufbewahrt werden sollen.

Parallel dazu fällt uns auf, daß die Kinder über die Berufe ihrer Eltern zu erzählen beginnen. Wir entschließen uns, diese Tätigkeiten, wann immer möglich, in den Kindergartenalltag einzubeziehen. So kommt in der Folgezeit eine Mutter – gelernte Friseuse – in die Gruppe und frisiert vor den Augen aller Kinder einer Erzieherin die Haare. Ein Vater – Elektriker – entwickelt mit den Kindern kleine Schaltwerke mit Batterien und Klingeln. Ein anderer Vater – Busfahrer – nimmt uns auf eine Fahrt mit; eine weitere Mutter besuchen wir vor Ort an ihrem Arbeitsplatz. Die Menschen, die regelmäßig zu uns in den Kindergarten kommen, beziehen wir ein: die Fensterputzer, die Lieferanten, den Postboten. Sie werden in Gespräche gezogen und dazu überredet, die Kinder bei ihrer Tätigkeit mithelfen zu lassen. Unser Postbote – gelernter Tischler – fertigt schließlich in seiner Freizeit mit den Kindern zusammen den Deckel für die gemauerte Materialkiste.

Auch die Erzieherinnen werden von den Kindern nach ihrem Beruf befragt. Die Kinder sind erstaunt darüber, daß das, was diese täglich mit ihnen zusammen tun, ihr Beruf ist, und interessieren sich nun mehr für deren Privatleben. Das führt dazu, daß einige Kolleginnen einen Tag mit den Kindern in ihrer Wohnung verbringen und mit ihnen kochen, einkaufen, staubsaugen, Betten machen, weil die Kinder genau diesen Alltag anschaulich miterleben und ihren Beitrag dazu leisten wollen.

So haben die Bauarbeiter über Wochen den Kindergartenalltag verändert.

Dieses Beispiel scheint auf den ersten Blick eines zu sein, in dem keine Planung stattfindet, sondern auf den Fortlauf der Ereignisse reagiert wird. Sehen wir es uns genau an.

Gleich zu Beginn geschieht etwas sehr Typisches: die Erwachsene spielt den Zeitdruck, der gerade auch bei ungeliebten Tätigkeiten gespürt wird, gegen die Interessen der Kinder aus, die in das Zeitlimit hineinstoßen. Kinder beanspruchen Zeit, und zwar ungeplant, weil sie ihre Interessen aus den Erfahrungen und Eindrücken entwickeln, in die sie geraten. Als das erkannt wird – und damit das Recht der Kinder auf Fragen gewürdigt wird –, entsteht eine Kommunikation, die sich in gemeinsamer Neugier entwickelt. Diese beiden Anteile sind tragend für den Verlauf des oben geschilderten Beispiels. Die Begegnung mit den Bauarbeitern sorgt für weitere Fragen. Die Kinder setzen sich in Beziehung zu dem Ereignis, sind offen für eine Beeindruckung und erleben, daß sich hier Bedeutungen entwickeln, denen nachzuspüren und auf den Grund zu gehen sich lohnt. Weil die Erzieherinnen eine Vorstellung von diesem Prozeß entwickeln können, ermöglichen sie neue Schritte. Sie planen die Vertiefung und den Fortgang der Kommunikation und machen den Vorschlag, die Bauarbeiter einzuladen. In diesem Vorgehen ist eine Annahme über das enthalten, was die Kinder für sich suchen. Das gemeinsame Frühstück soll ihnen dafür Zeit geben. Im beeindruckenden Zusammensein mit den Bauarbeitern fächern sich die Interessen der Kinder auf: Zusätzlich zum Interesse für die arbeitenden

Menschen taucht der Wunsch auf, sich mit den Arbeitshandschuhen in eine neue Dimension des täglichen Spiels hineinzuhandeln, das Vertraute mit Unbekanntem herauszufordern. Hier reicht nicht ein einmaliges Ausprobieren, denn es geht um nichts „Äußerliches". Es braucht Zeit, Eindrücke zu erproben und gestalten zu können.

Weil die Erzieherinnen davon eine Ahnung entwickeln können, planen sie den nächsten Schritt: Sie kaufen Handschuhe, um den Kindern durch das Zurverfügungstellen der Mittel ein weiteres Ausprobieren zu ermöglichen. Das gezielte und interessierte Hinsehen auf die Erfahrungen der Kinder sowie darauf, welche Bedeutung sie diesen Erfahrungen geben, läßt einen neuen Widerspruch erkennen: Bausteine und Handschuhe passen nicht zueinander. Natürlich wissen das die Erwachsenen schon vorher. Aber ihnen ist wichtig, daß die Kinder es selbst erfahren. Sie lassen ihnen Zeit, um diesen Widerspruch im praktischen Handeln zu erleben, und reagieren erst, als diese Erfahrung den Kindern bewußt und von ihnen als hinderlich bewertet wird. Sie legen die Kinder nicht darauf fest, daß es doch nur Spiel sei und dafür unwichtig, ob die Materialien wirklichkeitsgetreu sind oder nicht. Als den Kindern der Ersatz nicht mehr genügt, werden echte Ziegelsteine bestellt. Einen ganzen Tag lang wird geschleppt. Auch hierfür wird bewußt Zeit eingeräumt, der Prozeß nicht als „Vorbereitung" für das Eigentliche schnell ohne die Kinder erledigt. Allein das Beobachten des Kipplasters, von dem die Steine mit Getöse auf den Gehsteig rutschen, ist kostbare Erlebenszeit und nicht „Uneigentliches" im Spielprozeß der Kinder. Danach wird nicht zügig zum Bau der Kiste übergegangen, sondern ein Anfreunden der Kinder mit dem neuen Material ermöglicht. Und Freundschaft braucht Zeit: zum Kennenlernen, zum Inbeziehungsetzen, zu vielseitigen Erfahrungen, zum Erleben, was einem selbst dabei geschieht.

Und gleichzeitig gibt es Kinder, deren Hauptinteresse nicht beim Material liegt. Sie wollen die Arbeiter näher kennenlernen und auch für sich ausdrücken, was sie beeindruckt. Sie erhalten die Chance und die Zeit, zu fotografieren. Die Erwachsenen ermöglichen die Entwicklung der Bilder und die Dokumentation in der Gruppe.

All diese Aktivitäten brauchen lange Zeitläufe für Entdeckungen, für Fehler und Erfolge, für Experimente, für Betrachtungen und Gedanken sowie für Kommunikation und Kooperation untereinander. In diesen Prozessen ziehen die Kinder Beziehungslinien zur Berufstätigkeit ihrer Eltern – wegen der die meisten von ihnen im Kindergarten sind – und stellen die Fragen dazu immer mehr in den Vordergrund. Die Erzieherinnen spüren diese Wendung auf und organisieren Gelegenheiten für neue Erfahrungen.

Offen Planung ermöglicht – und schreibt nicht fest. Sie ist Ausdruck eines intensiven Dialoges und gemeinsamen Lernens zwischen Kindern und Erwachsenen. Offene Planung teilt Zeit nicht zu, sondern nutzt sie als „Schatz", nämlich Erlebenszeit zu werden.

Kinder haben Anspruch auf Langsamkeit

Beispiel 2: Den eigenen Herzschlag entdecken

Menschen sind es, die Zeit machen – oder?
Unser aller Alltagserfahrungen scheinen diesem Satz zu widersprechen. Wir erleben oft, daß Wertmaßstäbe auf Meßskalen basieren, die mehr oder weniger, groß und klein, lang und kurz, gewichtig und unbedeutend ablesbar und scheinbar eindeutig regeln. Mit solchen Aussagen verwoben sind aber Bewertungen über Dauer und Ende, über oben und unten sowie über die Qualität von Sachverhalten und Dingen. Rechte und Pflichten werden aus solchen Bemessungen entwickelt, und sie prägen, ob wir wollen oder nicht, unser Zeitbewußtsein. Wir erlernen eine Zeitauffassung, die von Abschnitt zu Abschnitt ein Leben durchzieht, und jeder dieser Abschnitte scheint vordefiniert.

Gleichzeitig erfahren wir die Welt um uns herum als ständige Neuigkeitsproduktion: Wir registrieren, wie schnell Produkte vom Markt verschwinden, wir erleben die Eindrucksfülle im Konsum- und Medienbereich und erfahren gleichzeitig die Schwierigkeit, sie festzuhalten in einem, unserem Augenblick. Das Schweifen durch die verwirrende Vielfalt macht Lust, aber zugleich spüren wir, wie schwer es ist, in dieser Erlebnisfülle Anker zu werfen und Spuren zu hinterlassen. Wir fühlen uns im Strom, immer auch ein wenig mitgezogen, aber ebenso Ruhe und Stabilität suchend, und wir machen auch die Erfahrung, daß wohl nicht wir es sind, die diese Zyklen bestimmen. Es sind nicht wirklich wir, die entscheiden können, wann etwas alt und verbraucht ist und erneuert werden muß. Wir spüren uns als Teil einer bewegten Realität, ohne immer genau zu wissen, wo genau wir darin stecken und wer wen steuert. Die Zeitfolgen scheinen manchmal beliebig und ganz und gar nicht so von uns gewollt.

Unsere Gegenwart ist geprägt von Beschleunigung, Zeitknappheit und dem Ideal der Flexibilität. Wer diese Ideale nicht erfüllt, langsam ist, sich nicht schnell umstellen kann, gerät leicht an den Rand einer Gesellschaft, die mit Zeit verfährt wie mit einem Artikel, den es gut zu verkaufen gilt.

Dennoch plädiere ich auf das Recht zur Langsamkeit. Eine Aufgabe von offener Planung ist es, diese Langsamkeit für Kinder und die sie begleitenden Erwachsenen zu ermöglichen. Dies ist wichtig, weil Kinder ihre Umgebung unmittelbar erleben, d.h. in direkter Anrührung und auf sich bezogen. Dem entspricht, daß sie den Gedanken, die sie entwickeln und mit denen sie diese Begegnungen verarbeiten, gestaltend Ausdruck geben. Sie formen Bilder und denken sich Zusammenhänge und Begründungen in konkreten Beziehungen. Rhythmus, Gefühle und Wahrnehmungen, die ihr eigener Körper ihnen signalisiert, bestimmen das Zeitgefühl und die mit ihm verbundene Stimmung, aber auch Dauer und Intensität. Die Zeitstruktur ist eine qualitative Struktur, die eng an die Person des Kindes gekoppelt ist und sich aus den Ereignissen erschließt, die das

Kind erlebt. So wird das Davor und Danach in Abhängigkeit zu dem, was gegenwärtig ist, erst allmählich erkannt. In diesem Lernvorgang bezieht das Kind das Ferne auf das Nahe und versucht, es aus ihm heraus zu erklären. Das drückt sich in den folgenden drei Beispielen aus:

„Noch einmal schlafen – dann kommt die geliebte Tante zu Besuch. Damit sie eher kommt, will das Kind schon nachmittags zu Bett gehen."
„Wenn jeder seinen Geburtstag immer am gleichen Tag hat, wie wird dann irgendeiner älter als irgendein anderer?" (Natasha, 6;2)
„Iwan (5) fragte: ‚Mama, kann man zurückschlafen?' Die Mutter: ‚Wie zurück?' Iwan: ‚Morgens einschlafen und gestern aufwachen.'"*

So ist dem Kind die Gegenwart verdichtet, und aus ihr heraus entwickelt sich allmählich das Bewußtsein über zeitliche Ausdehnungen. Die Begriffe „Zeit auffassen" und „Zeit schöpfen" machen diesen elementaren Zugang noch deutlich, denn Schöpfen und Fassen sind zunächst einmal Tätigkeiten der Hand. Aus der Erfahrung, die sie macht, entwickelt sich später die Fähigkeit, von ihr getrennt etwas zu denken, sich vorzustellen, zu entwerfen. In den Worten ist dieser Werdegang symbolisch erhalten geblieben. Um ihn möglich zu machen, braucht das Kind anschaulich – konkreten Umgang mit seiner

---

* Martin Doehlemann: Die Phantasie der Kinder und was Erwachsene daraus lernen können, Frankfurt/Main 1985, S. 63 ff.

gegenständlichen, natürlichen und sozialen Umwelt und Zeit, sich in diesen Erfahrungen zu orten und sie an sich anbinden zu können.

Hier handelt es sich um einen komplizierten Lernvorgang, denn die Eindrücke werden weder einfach geschluckt, noch sind sie selbst einfach. Sie enthalten Zumutungen, Anregungen, Fremdheiten, Beängstigendes, Forderndes und Vertrautes. Dies alles gilt es mit den schon vorhandenen Erfahrungen zu verknoten. Das meiste von dem, was die Zeit ein Kind lehrt, ist ohne Bearbeitung nicht in den erworbenen Kenntnis- und Erfahrungsschatz integrierbar: es schüttelt gewonnene Strukturen und Hypothesen durch und muß zuerst einmal ge-griffen werden, bevor es be-griffen werden kann.

In dem nachfolgenden Beispiel, in dem Kinder ihren Herzschlag entdecken, wird das sehr deutlich:

„Heute habe ich die Kinder (5jährig) mit in die Turnhalle genommen und Rutsche und Leiter aufgebaut. Ismael fängt an zu springen und rollt sich über die Matte. Die beiden Mädchen wollen es ihm nachmachen, aber sie schaffen es nicht. Julia legt ihre Hand auf ihr Herz, lacht und sagt: ‚Mein Herz klopft schnell.‘ Anna macht es ihr nach. Sie kommen zu mir, und auch ich lege meine Hand auf ihr Herz. Darauf sagt Julia: ‚Klopft schnell, nä?‘ Ismael geht die Leiter hoch, springt hinunter und kommt zu mir. Er nimmt meine Hand und legt sie auf sein Herz. Ich frage die Kinder: ‚Wißt ihr, daß euer Herz etwa so groß ist wie eine Faust? Und daß das Herz das Blut immer nur in eine Richtung fließen läßt?‘

Dann malen wir zusammen ein Herz. Ich rege die Kinder an, ihre Finger in die Ohren zu stecken und ganz ruhig zu bleiben. Jetzt könnt ihr euren Herzschlag hören.' Die Kinder horchen gespannt und sagen: ‚Das ist eine Monsterstimme.' ‚Es regnet.' ‚Ein Hund ist in meinen Ohren.' Sie legen ihre flache Hand auf die Ohren, nehmen sie wieder weg und legen sie zurück. Sie stellen fest, daß sie dabei unterschiedliche Stimmen hören. Damit beschäftigen sie sich eine Weile.

An einem der nächsten Tage bin ich mit den Kindern in einer Arztpraxis, um ein Stethoskop auszuleihen. Im Kindergarten probieren die Kinder aus, wie sie damit ihren Herzschlag hören können. Anna stellt sich auf den Tisch, springt hinunter und sagt: ‚Wenn ich springe, geht mein Herzschlag schneller.' Dann hören sich die Kinder gegenseitig ab. Danach probieren sie das Stethoskop auf ihren Köpfen, auf Papier und an Möbeln aus. Susanne will den Herzschlag ihrer Puppe abhören, aber Anna sagt: ‚Das geht nicht. Die Puppe kann keinen Herzschlag haben.' Die Kinder sind der Meinung, daß nur Menschen atmen und deshalb einen Herzschlag haben können. Ich bestätige das, aber Ismael ergänzt: ‚Und Tiere.' Ich gebe ihm Recht: ‚Ja, das stimmt. Auch ein Elefant hat einen Herzschlag.' Ismael sagt: ‚Der Elefant hat ein großes Herz, so groß wie unser Gruppenraum.' Ich erzähle den Kindern, daß das Herz eines Elefanten 25mal in der Minute schlägt, worauf Anna nickt und sagt: ‚Mein Herz schlägt auch 25mal.' Ich erkläre ihr, daß ihr Herz 110mal in der Minute schlägt, daß das viel, viel öfter ist. Daraufhin fängt Ismael an, seinen Herz-schlag zu zählen. Außerdem fragt er mich, wie oft mein Herz schlägt. Ich antworte ihm: ‚Vielleicht 70–80mal in der Minute. Das ist weniger als bei Kindern.‘ Susanne will wissen, warum es diesen Unterschied zwischen Kindern und Erwachsenen gibt. Ich muß zugeben, daß ich das nicht weiß, sage ihnen aber, was ich mir dazu denke.“*

Dieses Beispiel veranschaulicht, wie Kinder ein neues Phänomen begreifen lernen: durch prak-tische Experimente, durch Erklärungsversuche, mit denen sie ihre bisherigen Vorstellungen im Ver-gleich zu den neuen Entdeckungen in Einklang zu bringen versuchen. So muß ihrer Meinung nach ein großes Tier wie ein Elefant auch ein riesiges Herz haben, erwachsene Herzen müssen schneller schla-gen als die von kleineren Kindern. Ihre Meßeinhei-ten und Bewertungen entsprechen nicht den Tat-sachen, aber ihren wirklichen, bisherigen Erfahrun-gen, aus denen die Schlußfolgerungen ableitend und vergleichend gewonnen werden. Am Ende steht die Welt ein wenig auf dem Kopf, etwas paßt nicht, und es bietet sich dafür keine Erklärung an. Diese kleine, hier aufgezeichnete Beobachtung hält fest, was für die Kinder Erlebens- und Erfahrungs-zeit wurde: eine unterschiedliche Annäherung an

---

* Tahere Barzegar, iranische Studierende an der staatlichen Fachschule für Sozialpädagogik in Hamburg-Altona
Gekürztes Protokoll verschiedener Projektabschnitte zum Thema „Unser Körper“.

Unbekanntes und zugleich die Bewältigungsarbeit damit. Die Praktikantin hat ihnen die Zeit gewährt, hat ihnen zu verdichteter Gegenwart verholfen, ohne sie ungeduldig in von ihr vorgesehene (geplante) Lernabschnitte zu ziehen und sie dabei als Unwissende herabzusetzen.

Zeit ist immer auch ein Produkt der menschlichen Kommunikation: In ihr finden Koordination und Bewertungen statt. In unserem Beispiel nimmt sich die Erwachsene Zeit für die Koordination von Kinderfragen, Kinderuntersuchungen und den daraus folgenden Feststellungen, die jeweils neue Fragen beinhalten, und stellt ihr Wissen zur Verfügung. Dies tut sie möglichst so, daß sie den Zeitrhythmus der Kinder nicht stört, sondern mit deren Tempo im Fluß bleibt. Ihre Einlassungen sind kleine Informationen, die Anregungs- oder Herausforderungsqualität bekommen, die die Bedeutungsarbeit der Kinder nicht zerstören, sondern bereichern. Diese Anregungen, die ein Wissen weitergeben, müssen zu einem späteren Zeitpunkt genauer bearbeitet werden, damit die Kinder sie wirklich verstehen und nicht nur vom Erwachsenen übernehmen. Die Zeit, die in diesem Beispiel zur Verfügung steht, macht den Lernprozeß erst möglich. Sie ist zugleich Symbol für die Qualität des Dialoges zwischen Kindern und Erwachsenen.

Kinder haben genau darauf einen Anspruch: auf eine Langsamkeit, die sie nicht als ungelehrig und lernunwillig einstuft, sondern ein Lerntempo respektiert und nutzt, das auf Dichte und verknüpfendem Handeln basiert.

Es gibt eine lehrreiche Anekdote von einem Indianer, der zum erstenmal in seinem Leben Eisenbahn fährt. Als er am Zielbahnhof ankommt, setzt er sich neben die Gleise. Über den Grund dafür befragt, antwortet er: „Mein Körper ist angekommen. Jetzt warte ich, daß meine Seele nachkommt." Genau das ist mit dem Recht auf Langsamkeit gemeint: Zeit, um Erfahrungssequenzen und Ungleichzeitigkeiten zu ordnen, um so Identität als Bewußtsein des eigenen Selbst aufzubauen.

Erzieherinnen als Abenteurerinnen
Beispiel 3: Der Wochenplan

Der Umgang mit Zeit ist als Koordination zwischen Ansprüchen und Vorlieben immer ein persönliches Konstrukt, das zwischen Fremd- und Eigenerwartungen ausgependelt wird. Ein weiteres augenfälliges Phänomen ist, daß Zeit oft erst unter Druck bewußt wird – wenn das Auspendeln aus dem persönlich tragbaren Gleichgewicht gerät. Zeit wird dann als Ursache oder Begleiterscheinung von Konflikten thematisiert. Mit diesem Problem haben auch viele Erzieherinnen zu tun.

Wir wollen uns damit am Beispiel der Wochenpläne auseinandersetzen (oft erweitert gebraucht als Monats- oder Jahrespläne), die in vielen Kindergärten noch als Zeitplanung existieren. In solchen Plänen wird festgelegt, welche fixen Daten es für bestimmte Zeiträume geben soll. Da werden nicht nur Zeiten für den Besuch der Turn- und Schwimmhalle notiert, sondern auch Frühstückszeiten, Spielabläufe und Zeitsequenzen, in denen die Erzieherin den Kindern gezielte Angebote machen will. In längerfristigen Plänen werden die Durchführung von kalendarischen Festen, Exkursionen und Begegnungen mit den Eltern festgehalten. Einige Wochenpläne enthalten darüberhinaus Angaben über Begründungen für diese Absichten, Zielformulierungen, die darüber informieren, was mit der einen oder anderen Tätigkeit bei Kindern bewirkt werden soll. Solche Pläne sind vom Wesen her Förderpläne. Wochenpläne repräsentieren – auch, wenn das oft nicht bewußt ist, – eine bestimmte Haltung gegenüber Kindern.

Sie sind Ausläufer historischer Entwicklungen und ihres Zeitgeistes, in dem Kinder anders gesehen wurden als heute. Die Kinder werden hier pädagogisiert, d.h., das Verstehen von Kindern und der Umgang mit ihnen wird ausschießlich unter dem Gesichtspunkt der Förderung durch Erwachsene betrachtet. Diese Programmplanungen legen fest, was Kinder brauchen und wovor sie zu schützen sind. Dafür gibt es jeweils feste Vorgaben über Entwicklungsabläufe und deren Soll.

Sie werden auf Leistungen in einer Zukunft, die von gesellschaftlichen Erwartungen bestimmt ist, ausgerichtet. Erziehung wird funktional verstanden, d.h., sie soll auf eine Rolle als Erwachsener (in Familie, Beruf etc.) vorbereiten. Die Gegenwart hat nur Lernwert für später.

Die Kinder sind vom Lebensalltag der Erwachsenen getrennt. Der Kindergarten wird zur Insel und abgeschotteten Kinderwelt. In einem solchen Schonraum und einseitig pädagogisch ausgerichteten Lehrraum werden die Kinder aber auch von ihrem eigenen Alltag „draußen" isoliert. Dazu gehört die Festlegung auf bestimmte Lehr- und Lernmethoden, die im Lernzielkatalog formuliert werden. Die Erzieherinnentätigkeit besteht dann darin, Lernprogramme durchzuführen und zu gewährleisten, um vorher beschriebene Zwecke zu erfüllen. Oft haben Erzieherinnen diese Außenanforderungen schon so verinnerlicht, daß sie sie als eigene Berufsinteressen verteidigen.

In Fortbildungen und Gesprächen mit Erzieherinnen wird deutlich, daß Wochen- und Monatspläne immer einen Nachweischarakter haben: Sie sollen offensichtlich machen, was in einer Einrichtung wann und zu welchem Zweck geleistet wird. Dieser Nachweis steht immer auch in Zusammenhang mit dem eigenen Selbstbewußtsein der Erzieherin.

Gemeinsam scheint daneben die Erfahrung zu sein, daß solche Pläne fast nie eingehalten werden können. Dieses Mißverhältnis zwischen festgeschriebenen Erwartungen und deren Erfüllung wird unterschiedlich erlebt: als Druck und Mißerfolg, aber auch als unbedeutend. Wenn diese Pläne für unbedeutend gehalten werden, erfolgt oft die Begründung: „Die Eltern erwarten solche Pläne, deshalb machen wir sie. Ob sie auch eingehalten werden, ist nicht mehr entscheidend."

Warum, so stellt sich die Frage, werden Wochen-

und Monatspläne dann immer noch so wichtig genommen?

Vielleicht überträgt sich der zeitliche Rhythmus der Institution Kindergarten auf die Arbeitsplanung mit den Kindern? Dienstpläne für Mitarbeiterinnen unterliegen tarifrechtlichen Bestimmungen; Öffnungszeiten des Kindergartens legen ebenso wie innere Organisationsabfolgen (zum Beispiel Essenszeiten) einen zeitlichen Rahmen fest. Oft stehen bestimmte Räume innerhalb und außerhalb der Einrichtung nur zu bestimmten Zeiten zur Verfügung oder benötigen zeitliche Abstimmungen, wenn alle Gruppen die Chance haben sollen, diese Ressourcen zu nutzen. Möglicherweise entstehen Wochenpläne also in Angepaßtheit an diese Bedingungen; damit allerdings wird der institutionelle Rahmen, der streng funktionalen Gesetzen folgt, in den Arbeitsrhythmus mit den Kindern übertragen. Zeit wird zerstückelt und diese Stücke im Wochenplan festgeschrieben und bewertet. Zwingendes und möglicherweise frei Gestaltbares wird nicht mehr unterscheidbar. Wenn vorher deutlich geworden ist, daß Kinder verdichtete Gegenwart leben und darin Unterstützung benötigen, so heißt das auch, daß die von Kindern benötigte Zeit fließend ist, komplex in ihrer Angefülltheit und Ausdehnung, flexibel in der Nutzung. Kinder, die in feste Zeitraster gedrängt werden, sind immer wieder gezwungen, abzubrechen, was sie gerade tun, wofür sie sich Zeit nehmen, weil es ihnen wichtig ist. Die Nutzung von Zeitressourcen als Gestaltung und Ermöglichung von Erlebniszeit erfordert andere Mechanismen der Zusammenhaltung und Koordination. Nicht alle Kinder sind gleichzeitig – und das heißt: nicht mit gleicher Zeit! – in ein Anliegen, ein Vorhaben involviert. Diese Ungleichzeitigkeit – und zugleich ihre Dichte – steht in krassem Widerspruch zu festgelegten Tages- und Wochenplänen. Ein weiterer Grund für solche Planungen könnte also auch in der Angst davor liegen, die aufbrechenden Ungleichzeitigkeiten managen zu müssen, täglich neu vor den Konflikt gestellt zu sein, zwischen institutionellen Abläufen und Kinderinteressen koordinieren zu sollen und für bleibende Unzulänglichkeiten Lösungen zu finden. Freie Zeit im institutionellen Rahmen ist eine Möglichkeit, sich Zeit zu nehmen und zu gestalten. Wie diese Möglichkeit und vor allem das, was sich daraus ergibt, konkret genutzt werden kann, ist nur bedingt vorhersehbar. Erzieherinnen müssen sich auf Umwege, Zeitdichten und -längen sowie auf Überraschungen einstellen. Planen können sie dies nicht. Sie müssen es mit den Kindern zusammen klären und ausprobieren. Es ist wie bei einem Abenteuer: Man weiß, wohin man will, man packt das Gepäck dafür und richtet sich ein auf alle vorstellbaren Ereignisse, Anforderungen, Zwischenfälle. Aber das, was am Ort geschehen wird, läßt sich nie vorwegplanen. Insofern sind Erzieherinnen Abenteurerinnen, die mit den Kindern zusammen verdichtete Lebenszeit erfahren. Aber sie sind es, die Zeit ermöglichen können. Sie geben und nehmen Zeit, warten ab, zögern hinaus, vertrösten auf später oder schaffen Zeit im Miteinander mit den Kindern. Sie haben, indem sie das tun,

Macht, und nutzen diese Macht in den Varianten, mit Zeit umzugehen. Und diese Variationen hängen sehr davon ab, welche Erwartungen eine Erzieherin mit der Nutzung der Zeit verbindet. Hier liegt vielleicht ein weiterer Grund für die Tages- und Wochenpläne: der Wunsch, die Entstehung von Produktivität abzusichern, der Wunsch, die eigene Nützlichkeit zu gewährleisten und auszuweisen. Damit ist möglicherweise die Angst verbunden, daß sich ohne diese Pläne die Zeit zerstreut, nichts für die Kinder entsteht, Zeit konsumiert wird und Kinder „ungefördert" und „ungelernt" ihre Kindergartenzeit verbringen. Dem liegt eine bestimmte Vorstellung über das, was das Lernen von Kindern ausmacht, zugrunde. Dies wird eng verbunden mit dem Lehren gesehen. Aber es gibt keinen Automatismus, der sichert, daß das, was gelehrt wird, auch gelernt wird. Der überwiegende Anteil des Lernens bei Kindern geschieht im dialogischen Miteinander, in Such-, Gestaltungs- und Bewältigungsprozessen, in denen Kinder wesentliche Anteile des Deutens und Handelns übernehmen. Das Lernen geschieht durch Sich-in-Beziehung-Setzen, durch das Wollen, sich um ihr eigenes Anliegen zu kümmern und dabei herauszufinden, wie man das am besten kann. Dieses Beste ist nicht festlegbar, sondern muß gefunden werden. Und zum Finden gehört das Suchen; zum Suchen braucht es Zeit. Dies gilt für Kinder wie für Erwachsene gleichermaßen.

Viele Tages- und Wochenpläne schütten diesen Prozeß zu, formulieren Anfang und Ziel und legen dafür das Zeitlimit fest. Umwege sind dann oft störend und können nicht akzeptiert und ermöglicht werden oder werden aus Zeitgründen abgebrochen. Beides hängt zusammen: Wenn Zeit genommen wird, unterliegt das Nehmen Bewertungskriterien. „Zeit ist kostbar" – ist sie also auch kostbar genug, um sie sich im Zusammensein mit Kindern zu nehmen? Zeit an sich ist ja nicht knapp. Der Eindruck, daß sie knapp erscheint, entwickelt sich aus Erwartungen heraus. Wenn hier Mißverhältnisse entstehen, muß eine Entscheidung getroffen werden.

Wochenpläne sollen planbar absichern; es sollen Schwierigkeiten vorweg in den Griff bekommen werden und so – das ist die Hoffnung dabei – gar nicht erst entstehen. Aber Zeit zu geben heißt auch, Umwege zuzulassen, Schwierigkeiten und Risiken.

Setzen wir uns mit Kindern und ihrem Alltag auseinander sowie damit, was sie darin wie bewältigen, so stellen wir fest: Erstens entwickeln sich für Kinder in ihrem Alltag heute mehr Wahlmöglichkeiten als früher, vor allem in bezug auf Markt- und Medienangebote. Sie eröffnen dem Kind damit mehr und zu einem früheren Zeitpunkt Spielräume für individuelle Entscheidungen, verlangen ihm aber auch mehr Orientierungsleistungen ab.

Zweitens bemerken wir, daß Kinder in der Bewältigung dieses Alltags eigene Deutungs- und Gestaltungsarbeit leisten, ihr Lernen und ihre Entwicklung auch in eigener Regie und Kompetenz organisieren. Ihr Alltag liefert dabei die Themen und „Lebensfragen", über die Kinder Auseinandersetzungen suchen und eigene Kulturarbeit leisten sowie zu eigenen Denkmodellen und Alltagspraktiken finden.

Und drittens tun Kinder dies im Dialog mit Gleich-
altrigen, die neben der Auseinandersetzung mit Erwachsenen eine zentrale Rolle für die eigene Absicherung, Behauptung, Abgrenzung und Einlas-
sung spielen, also für eine kommunikative Entwicklung und ein Lernen im offenen Prozeß.

Viertens erleben Kinder Zeit anders und gehen auch
anders mit ihr um als viele Erwachsene. Zeitkontin-
gente entwickeln sich unmittelbar aus Erlebnisfülle
und -dichte, aus Präsenz und Gegenwart. Die Zeit-
orientierung von Kindern ist nur sehr allgemein auf
die Zukunft ausgerichtet: „Ich will groß werden."
„Ich will etwas können." „Ich will teilhaben." Die
Bedeutung, die Zeit für Kinder hat, ist jedoch mit
dem Gegenwartserleben verknüpft. Überspitzt
könnte man sagen, daß Kinder sich die Zeit untertan machen. Im Gegensatz dazu steht die Erfahrung,
sich Zeitvorgaben unterwerfen zu müssen, die Ra-
tionalitäten der Erwachsenenwelt (vor allem der Ar-
beitswelt) entspringen und Zukunft als Fortschritt,
der in weiter Ferne liegt, aber schon heute geplant
werden muß, definiert.

Wenn Erzieherinnen als Abenteurerinnen beschrieben werden, so meint das nicht, auf Planung zu verzichten, sondern sich gleichwohl vorzubereiten auf
eine Reise, aber auch zu wissen, daß vieles unvor-
hersehbar ist und daß es gut ist, sich diesen Überraschungen zu stellen, Zeit zu vergessen und zu ver-
schenken – an das gemeinsame Vergnügen. Sich
vorzubereiten und einzustellen heißt:

Sich auseinanderzusetzen mit den verschiedenen
Erfahrungs- und Bewältigungsgeschichten (also auch

Lerngeschichten) von Kindern. So erfährt man, mit wem man auf die Reise geht. Situationen und Bedingungen alltäglichen Lebens prägen sich in individueller Bedeutungs- und Erfahrungsarbeit aus, das heißt, sie sind von Mensch zu Mensch verschieden. Verallgemeinerungen und Standards grenzen aus. Abenteuer aber leben vom Reichtum der Vielfältigkeit.

Fragend zu forschen – gemeinsam mit den Kindern. Dies beinhaltet nicht, ein Paket von Fähigkeiten und Kenntnissen zu vermitteln, sondern ganzheitliche und vielseitige Praxis im prozeßhaften Lernen zu ermöglichen. Der Weg ist mindestens so abenteuerlich wie die Ankunft, und ankommen kann nur, wer geht. Weder zeitlich noch inhaltlich muß die Ankunft vorher festgelegt werden, denn jeder empfindet Ankommen anders, und Ankommen und Losgehen fließen ineinander.

Abenteuer möglich zu machen. Dafür braucht es Raum, Zeit, Vertiefung in eine Sache, in der verdichtete Zeit entsteht, Kleingruppenarbeit sowie die Bereitschaft von Erwachsenen, selbst mitzureisen und zu lernen sowie immer wieder neue Blickwinkel einzunehmen.

Es bedeutet auch eine Veränderung in der Beziehung zwischen Erwachsenen und Kindern hin zur Gemeinschaft auf Zeit, in der die einzelnen Mitglieder auch autonom sein können, Stabilität erfahren und sich gegen Bevormundung und Ohnmacht wehren können. In solchen Begegnungsprozessen entscheidet sich, wie sich Würde, Sinnarbeit und Verantwortung entwickeln werden. Jemandem Zeit

zu geben bedeutet auch, ihm Vertrauen und Beachtung zu schenken, eine Kostbarkeit zu nutzen
und für sich zu gebrauchen.

Planung in diesem Sinne heißt, eine Sparsam-
keit zu lernen in dem, was gemeinhin unter
Pädagogik verstanden wird: Hier soll Kindern
nicht vorgeschrieben werden, was und wie
sie in welcher Zeit zu lernen haben.

2. Räume geben Raum: Bewandert ist nur, wer auch wandert

Bestimmter Raum oder eroberter Raum
Beispiel 4: Die Funktionsecken

Zunächst ein kleines Spiel mit Worten: Wir sprechen oft von „Zeiträumen", von „Erfahrungen", von „Begleitung". Alle diese Worte sind Sprachursprüngen entlehnt, die mit Bewegung und mit Orten zu tun haben. „Bewandert zu sein" verweist darauf, daß man das nur sein kann, wenn man eine Wanderung hinter sich hat; Zeiträume zeigen den Zusammenhang von Raum und Zeit auf; Erfahrungen kann man offensichtlich nur machen, wenn man sich auf eine Fahrt begeben hat; begleiten leitet sich ab aus dem „Geleit geben" – auch das ein Wort, das mit Bewegung zu tun hat.

Räume sprechen eine deutliche Sprache: Sie geben

Auskunft über die Gestalter, die Benutzer, über ihre Beziehung zueinander und über das Geschehen, das ein Raum zuläßt oder behindert. An Räumen ist ablesbar, wie sich das Verhältnis von Zweckmäßigkeit und kreativen, kommunikativen Prozessen im Tageslauf entwickelt und was den Vorzug genießt. Räume machen durchschaubar, ob sich Kinderansprüche oder Erwachsenenerwartungen in ihnen durchsetzen. Sie sagen etwas darüber aus, ob fließende und aktive Übergänge zwischen Innen- und Außenwelt gewollt sind oder beides gegeneinander abgeschottet wird. Und schließlich präsentieren sich Räume als Erfahrungsorte oder als Orte, in denen Regeln gelernt werden.

Von Räumen gehen in gleicher Deutlichkeit Appelle aus, die Kinder allerdings viel aktiver und umfassender wahrnehmen und aufgreifen als Erwachsene. Kinder erleben Räume körperlich direkt und mit allen Sinnen. Und sie sprechen in aller Regel ihre Meinung über Räume nicht aus, sondern sie leben sie aus. Räume bedeuten für Kinder Orte, die durch Sinne und Bewegung aktiv zu erschließen sind.

Wir können sagen, daß Räume Sinnes- und Empfindungsqualitäten auslösen, die als wichtige Voraussetzungen aber erst zum Tragen kommen, wenn sich Körper und Raum in eine handelnde Austauschbeziehung begeben können. Räumliche Verhältnisse bestimmen darüberhinaus auch Erfahrungen mit Behaglichkeit und Anstrengung, mit Rückzug und Dabeisein, mit Bewegung und Ruhe. Atmosphäre entwickelt sich mit jedem Detail des Raumes.

Erwachsene, die in Kindergartenräumen ihren Beruf ausüben, erleben diese eher in einer reflektierenden Distanz, bei der Überblick, Kontrolle, Struktur und praktische Zweckmäßigkeiten eine wichtige Rolle spielen. Aber es ist auch ihr Arbeitsraum, der – so erwarten sie – zu repräsentieren hat, welche Arbeit sie in ihm leisten.

In vielen Kindergärten sind Räume in sogenannte Funktionsecken gegliedert. Zu diesen zählen in aller Regel Bauecke, Wohn-, Kuschel- und/oder Puppenecke, Mal- und Kreativbereich, Bücherecke, Verkleidungs- und Rollenspielbereich, Tobeecke (oder -raum); manchmal gibt es eine separate Kinderküche mit Kochstelle, Kühlschrank und Geschirrausstattung. Auch diese Raumteilungspraktiken haben Tradition. Sie gründen auf Reformansätze zu Beginn der 70er Jahre, als erkannt wurde, daß Kindergartenarbeit den Anforderungen an Vielseitigkeit und Realitätsbezug entsprechen muß; daß ein Sitzkindergarten aufgegeben werden muß zugunsten räumlicher Angebote, die die Einschränkungen in städtischen Wohn- und Lebensräumen für Kinder kompensieren, also ausgleichen können. Gleichwohl beinhalten diese Kompensationsansätze auch Probleme. Kindergartenräume sind – das wissen alle Praktiker – sehr eng bemessen. In der Kritik daran wird oft der Vergleich mit den Mindestanforderungen für den Auslauf von Hunden bemüht, denen mehr zugestanden wird als einem Kind. Diese Raumbemessungswerte sind Überbleibsel aus einer Zeit, in der Kinder „von der Straße geholt" und „in die Obhut unterweisender Erzieher" gegeben wurden, um Bildungsdefizite und Gefährdungen aufzufangen. Da solche Korrekturbemühungen viel mit sittlichen Werten und „Kulturtechniken" zu tun hatten, wurde mit ihnen mehr geordnete Unterweisung verbunden als bewegungsintensive und raumgreifende Experimente, Entdeckungen und Selbstbestimmungen. So haben sich viele Raumkonzepte zwar gegen Einschränkungen im Kindergartenalltag entwickelt, aber in Enge und Raumnot konnte auch nur versucht werden, das jeweils Beste aus den Gegebenheiten zu machen.

Räume sind Orientierungen für Handlungen, die in ihnen stattfinden können. Jeder Raum, der pädagogisch strukturiert wird, impliziert auch eine Sonderbehandlung von Kindern, das heißt, er organisiert räumliche Erfahrungen, räumliche Freiheiten und Grenzen „extra für sie" mit besonderen Absichten. Was nun sind die Absichten bei den Funktionsecken?

Zunächst einmal scheint ihnen die Auffassung zugrunde zu liegen, daß sich das Verhalten eines Kindes (seines tatsächlichen oder erwünschten Verhaltens?) zergliedern ließe in einzelne Funktionen. Dementsprechend wird eine räumlich-inhaltliche Trennung (d.h. Abgrenzung) geplant und in der konkreten Raumstruktur umgesetzt, wie z.B. bauen, mit Puppen spielen, lesen, kochen, toben, sich verkleiden, malen als nebeneinander und nacheinander stattfindende Tätigkeiten. Hier geraten die Praktiker in einen enormen Konflikt. Einerseits entsprechen diese Planungs- und Organisationsmaßstäbe nicht dem tatsächlichen Erleben dessen, wie Kinder spielen und sich selbst organisieren, sondern eher den funktionalen Zurichtungen von Räumen in der Erwachsenenwelt. Andererseits steht wenig Raum zur Verfügung – sowohl innerhalb als auch außerhalb des Kindergartens –, und wir wissen und erfahren, daß dieser Mangel verheerend ist. Räume für Kinder sind nicht einfach vorhanden, sondern sie müssen mit gekonnter Regie (gleich: Planung) realisiert werden. Geschickte Raumplanung soll möglichst viel aus dem Gegebenen herausholen und viel zu große Gruppen so versorgen, daß Kindern die Chance bleibt, in der Ecke, in die sie sich zurückziehen, auch intensiv und ausdauernd in ein Spiel zu finden. Dennoch: Die negativen Seiten dieses Dilemmas sind, daß *wir* bestimmen, welche Aktivitäten ein Kind benötigt und welche räumlichen Abmessungen es dafür erhält. Wir zergliedern mit dem Raum auch die Aktivitäten der Kinder, wir organisieren Spielabfolgen und Inhalte. Oft kommt es dabei zu einer ausgetüftelten Raumstruktur, die Chancen verschluckt zugunsten einer Ordnung, die trennt, anstatt Impulse zu setzen. Eine solche Ordnung sichert zugleich den kontrollierenden Blick und Zugriff der Erzieherin, die sich permanent unter dem Druck fühlt, „Chaos" zu verhindern und professionell definierten Sinn in das Geschehen zu bringen. Eine zu enge Raumplanung zieht immer auch Regelkataloge nach sich, die schließlich mehr einschränken als Türen öffnen.

Auffallend ist in solchen Räumen auch oft, daß sie keine Erwachsenenmöbel enthalten. Sie sind auf eine künstliche Art kindspezifisch – so, als ob Er-

wachsenenbedürfnisse grundsätzlich kinderfeindlich seien. Erwachsene haben andere Ansprüche an
Räume als Kinder, sie lieben Sitzkomfort, wollen
auch für sich einen Platz haben, an dem sie sich
körperlich wohlfühlen und beheimaten können.
Was spricht gegen ein Sofa, einen Sessel, der diesen
Komfort bietet, aber auch Kindern die Chance zur
Mitbenutzung läßt – ein imposantes Möbel, in dem
man sich auf eine besondere Art wohlfühlen, hineinkuscheln und Behaglichkeit im Beieinander erleben kann?

Viele Möbel im Kindergarten sind funktionsgerecht:
zweckbestimmt mit abgerundeten Ecken, ein „gefälliges", aber unauffälliges Design, bearbeitetes Holz in
technischer Unangreifbarkeit, aber gesichtslos und
geschichtslos. Mit solchen Möbeln wird Kindern
zweierlei signalisiert – und viel vorenthalten. Diese
Möbel enthalten den Appell: „Mit uns ist alles machbar. Wir halten euren Angriffen stand. Da ihr Kinder
seid, habt ihr kein Interesse daran, mit uns sorgsam
umzugehen." Das bescheidene Budget der Kindergärten wird zwar sinnvoll im Sinne langer Haltbarkeit der Möbel eingesetzt, aber dieses Kriterium ist
auch ein Angriff auf Kinder, die angeblich schonungslos mit Inventar umgehen. Schonungslos aber
ist man nur, wenn man keine Liebe entwickelt,
wenn man keinen Sinn sieht, etwas zu erhalten,
weil es keinen Gehalt vermittelt. Und die diskrimierenden Signale solcher Möbel werden von Kindern
sofort verstanden. Kein Kind erlebt diese Kindergartenmöbel auch im Elternhaus – hier gibt es eine
merkwürdige Diskrepanz, die wenig beachtet wird.

Zum zweiten signalisieren solche Möbel eine Geschichtslosigkeit, die Kinder auch von Kulturentwicklungen entfernt. Etwas zu schonen, weil man es liebgewonnen hat, weil es aufregende Geschichten erzählt, Geschichten, die Menschen und ihre Handwerkskunst mitgestaltet haben, kommt bei den industriell genormten Perfektionen nicht auf. Oft wird solches Ambiente durch „kindertümliche" Stilelemente, idyllische Dekorationen mit viel Farbe, Tieren, Blumen, Wolken, Urwaldszenen und Mickey Mouse aufgefrischt. Dieses geschieht in der Annahme, daß Kinder solche Ausstattungen brauchen, um sich angesprochen und verstanden zu fühlen. Sie haben sich aber oft nur daran gewöhnt, daß das die von Erwachsenen vorgegebene Beschreibung von Kindlichem ist und haben oft das Gespür dafür verloren, wieviel Abwertung darin enthalten ist. Schließlich sind es die Erwachsenen selbst, die diese Gestaltung „süß" finden und sich darin nostalgisch verlieren.

Es gibt andere Merkwürdigkeiten in der Raumplanung. Da steht die voll funktionsfähige Küche neben einer Puppenküche, in der kein Wasser aus dem Wasserhahn kommt, die Herdplatte nicht heiß wird und die Trommel der Waschmaschine sich nicht dreht. Beide Ausstattungen sind für gesondert definierte Nutzungen vorgesehen. Kinder lernen so früh, daß in der Erwachsenenwirklichkeit Phantasie und Realität offenbar zwei voneinander getrennte Dinge sind.

Viele Räume sind vollgestellt mit Tischen. Daß Tische mit ausreichender Fläche für die Mahlzeiten benötigt werden, rechtfertigt nicht, daß sie den ganzen Tag über Bewegungsräume blockieren. Hinter einer solchen Raumplanung verbirgt sich wohl auch, daß Tische ganz bestimmte, sehr oft von den Erwachsenen unterstützte und gewollte Tätigkeiten anregen und andere verhindern: Brettspiele, Steck- und Legespiele, Malen und Zeichnen, Basteln, Kneten werden als Tischspiele angesehen und gefördert. Großräumiges Bauen, Werken, aufwendiges Experimentieren, Hantieren mit Geräten und Werkzeugen sind kaum möglich, entweder, weil die Tische im Weg sind oder für den späteren Gebrauch zum Essen geschont und bei Bedarf schnell geräumt werden müssen.

So wird deutlich: Es gibt in der Raumgestaltung von außen gesetzte Grenzen, die es erschweren, optimale Raumbeanspruchung und -gestaltung für Kinder zu ermöglichen. Es wird auch klar, daß Raumplanung von Ansichten über Kinder sowie von Absichten darüber, wie sie ihren Tag bestmöglich erleben sollen, mitbestimmt werden. Und es ist drittens zutreffend, daß es einen Unterschied macht, ob ein Raum für die Kinder gestaltende Zugriffe signalisiert oder ob er daran appelliert, sich seinen Regeln unterzuordnen.

Der Konflikt, Räume einerseits geplant zu strukturieren, damit möglichst alle Kinder vielseitige Nutzungschancen erhalten, andererseits aber auch ausreichend Raum für die Eigenregie von Kindern und Kindergruppen zu ermöglichen, wird in vielen Kindergärten in Anlehnung an das Konzept „offener Kindergarten" zu lösen versucht. Die traditionellen

Gruppenräume sind aufgelöst und sämtliche Raumkapazitäten als „Schwerpunkträume" eingerichtet. Da gibt es dann einen ganzen Raum zum Bauen, einen anderen für ruhige Aktivitäten wie Kuscheln, Ausruhen, Bücherlektüre, einen für Bewegungsaktivitäten, einen Koch- und Kantinenbereich, in dem auch die Mahlzeiten eingenommen werden, einen Raum für Werkarbeiten und vielseitige kreative Tätigkeiten. Hier sind die Funktionsecken ausgedehnt zu Aktivitätsräumen mit dem Vorteil, daß die Kinder mehr Platz und Ruhe für ihre Wünsche haben. Indem nicht mehr jeder Raum alles anzubieten versucht (und das auf allerkleinster Fläche), sondern eine räumliche Konzentration und Ausdehnung ermöglicht wird, können sich Kinder viel intensiver auf bestimmte Tätigkeiten einlassen. Allerdings bleiben auch bei dieser Raumplanung erhebliche Probleme bestehen: Auch hier muß entschieden werden, wofür bestimmte Räume ausgestattet werden, und es erfordert viele Be(ob)achtungen, um dies den Kindern und ihren Ansprüchen angemessen zu entscheiden. Es erfordert auch Flexibilität, sich auf Veränderungen einzulassen, um nicht am Schluß doch wieder die Kinder an die Räume anzupassen statt umgekehrt. Es erfordert ebenso ein klares Konzept der Zusammenarbeit der Erzieherinnen, die nicht mehr gruppenbezogen, sondern gruppenübergreitend arbeiten. Sie benötigen eine bewegliche und reflektierte Teamarbeit (die sich in einer entsprechenden Organisation niederschlagen muß), um zwischen der Eigenregie der Kindern und notwendigen Stützungs- und Anregungsangeboten zu vermitteln.

So oder so ist der Umgang mit Räumen immer
ein entscheidender Bereich der Planung im
Kindergarten, mit der Chancen oder Grenzen
gesetzt werden. Aber vor allem hier gilt, daß
Planung immer ungenügend bleibt, weil sie
für Kinder in Innenräumen ersetzen soll, was
im Wohnbereich und Lebensalltag außerhalb
des Kindergartens vorenthalten und ein-
geschränkt wird.

Kinder haben Anspruch darauf, Räume in eigener Regie zu beleben
Beispiel 5: Baustellen

Am Beispiel der Bauecken (ich bezeichne sie im folgenden bewußt als „Baustellen") soll deutlich werden, was bei der Planung von Räumen und den
dazugehörigen Materialien zu bedenken und zu ermöglichen wäre, um das vorher beschrieben Problem zugunsten der Kinder anzugehen.

Der erste Aspekt betrifft die Materialvielfalt.

Glatte, in den Abmessungen genormte Bausteine
aus Holz (z.B. der Uhlbauwagen) unterscheiden
sich in Möglichkeiten und Anforderungen von
Holzresten, wie sie aus Tischlereien beschafft werden können. Der Umgang mit den genannten se-
riellen Bausteinen vermittelt verläßliche Erfahrungen mit Abmessungen: Zwei Viertelbausteine passen z. B. genau auf einen halben, zwei halbe auf

einen ganzen usw. Die Kinder stoßen im Umgang mit den Bausteinen auf deren Gesetzmäßigkeiten, und sie lernen diese bewußt einzusetzen. Tischlereiabfälle sind meist unbearbeitet. Sie haben die vielfältigsten Formen, verschiedene Holzarten, die Risse, Sprünge sowie Astlöcher aufweisen und oft auch nicht frei von Splittern sind. Sie „passen" nicht automatisch, sind krumm, schief, rund, spitz, haben Gerüche und „arbeiten" oft noch, d. h., sie verändern sich unter Wärmebedingungen. Sie sind rauh, glatt, voll aufregender Maserungen und Strukturen. Deshalb fordern sie andere Phantasien heraus als die genormten System-Holzbausteine. Ganz anders wieder sind Steckbausteine, die es in den verschiedensten Ausführungen am Markt gibt. Sie sind meist aus Plastik, grellbunt und sichern „Bauergebnisse" vor allem dadurch ab, daß sie mit Hilfe von Noppen und anderen Verbindungselementen Stabilität garantieren. Darüberhinaus gibt es auch Bausätze aus Holz und Metall, die mit Schraubverbindungen montiert werden, bei deren Gebrauch also zusätzliches Werkzeug benötigt wird. Alle aufgeführten Materialien haben verschiedene Anmutungsqualitäten im Material selbst, in der Form und in der Technik, die mit ihnen möglich ist. Sie unterscheiden sich durch ihre „Sprache", die davon geprägt ist, ob Materialursprünge, Formenvorgabe, Zufallsvielfalt oder technische Perfektion in den Vordergrund treten. Diese „Sprache" wird lebendig durch Hand und Augen, mit denen die Kinder Kontakt zum Material entwickeln, es erforschen und seine Möglichkeiten entdecken. Erwachsene haben oft Probleme damit, wenn Kinder im Spiel diese Materialien vermischen. Dafür mag es Ordnungskriterien und ästhetische Gründe geben. Aber Kriterien zu vertreten bedeutet, eine Entscheidung getroffen zu haben. Entscheidungen gehen aber in aller Regel Überlegungen und Erfahrungen voraus. Wenn Kinder auf bestimmte Kriterien festgelegt werden, so werden sie zugleich der Möglichkeit beraubt, diese durch eigenes Ausprobieren zu finden. Kinder haben ein Recht darauf, zu entdecken, welches Material ihnen für welche Idee dienlich ist und welche Ideen aus welcher Materialqualität entstehen.

So besteht Planung darin, Vielfältigkeit zu ermöglichen und nicht im voraus festzulegen, was „pädagogisch wertvoll" sein soll und was nicht. Allerdings muß solch eine Planung durch Be(ob)achtungen gestützt werden, durch Hinwendungen zu dem, was das Kind mit den Materialien anfängt. Möglicherweise führt das Materialangebot auch zu Einengungen, weil es keine Ideen mehr anregt; oder andere Ursachen behindern Erfahrungs- und Gestaltungsprozesse. Hierfür gibt es vielerlei Gründe, und Planung kommt ohne den ständigen Dialog nicht aus.

Auch die Größe des Materials ist zu bedenken. Großmaterialien machen ausgedehnte Raumbeanspruchung und Raumgestaltung möglich. Mit ihnen schaffen sich Kinder einen Raum im Raum. Damit übernehmen solche Materialien oft die Funktion von Mobiliar und entsprechen so nicht den üblichen Vorstellungen von Spielmaterial. Großmaterialien sind immer gleichzeitig Baumaterial, Konstruktionsmaterial, Material für Theaterspiele und Bewegungselemente. Sie haben Aufforderungscharakter, sind anregungsintensiv und stellen differenzierte Anforderungen an die Kinder. Sie „ersetzen", was viele Erwachsene in ihrer Kinderzeit im Freien ungehindert tun konnten: Hütten und Höhlen bauen, Bewegungs- und Geschicklichkeitsparcours anlegen, Kletter- und Absprungmöglichkeiten schaffen. Großmaterialien fordern zu gemeinsamem Handeln heraus. Sowohl die Konstruktion einzelner Geräte, ihre Handhabung als auch ihre räumliche Ausdehnung lassen kaum individuelles Tun zu, sondern erfordern Hilfe und aufeinander abgestimmtes Handeln mehrerer Kinder.

Kleine Baumaterialien dagegen behalten immer Modellcharakter. Sie werden mehr genutzt, um ganze Szenerien und Schauplätze aufzubauen, Orte, Anlagen und Bauten zu entwerfen und zu gestalten, in denen sich das Kind mit Vorstellung und Phantasie, nicht aber mit seinem Körper wohnlich einrichten und beheimaten kann. Hier muß die Angebotsplanung wiederum berücksichtigen, daß mit den Materialien auch Phantasiemodelle möglich werden können und nicht nur Kopien einer kantigen und oft eintönigen Realität.

So hat das Bauen für die Kinder verschiedene
Funktionen und Bedeutungen. Sie schaffen
sich reale und modellhafte Beheimatungen
und Verortungen und drücken dabei aus, was
sie in ihrem Lebensalltag beeindruckt und was
sie zu ihm ergänzen wollen.

Kinder erleben sich vor allem in der Bautätigkeit als Gestalter und Macher einer räumlichen Welt, die mit ihrem eigenen Inneren in Beziehung steht. Hierbei sind Be-greifen und Ein-greifen auf das engste miteinander verknüpft. Die Thematik ist offen und wird sehr selbstbestimmt von den Kindern bearbeitet. In diesem Bereich gibt es wenige Vorgaben, wann etwas Gebautes fertig oder richtig ist. Kinder finden und setzen im Umgang mit solchem Material ihre Maßstäbe selbst. Ist das Material vielseitig genug und ausreichend Zeit vorhanden, sich auf seine Signale einlassen zu können, so gehen viele Impulse und Anregungen von ihm aus, die das Kind herausfordern, Lösungen selbst auszutüfteln und für Vorstellungen und Hypothesen den geeigneten praktischen Ausdruck zu finden. Jedes Material und jede Bauweise braucht bestimmte Techniken, die Kinder konkret erproben, um sie schließlich bewußt zu nutzen. Das heißt, daß sich auch Erfolge und Mißerfolge in der Bautätigkeit selbst entwickeln und keine pädagogische Setzung von außen benötigen.

Allerdings können die technischen und gestalterischen Variationen durch Projekte unterstützt werden. Solche Angebote müssen Kinder herausfordern, Türen für neue Horizonte zu öffnen, sich von Stereotypen zu verabschieden, mit denen sie täglich in der Realität und über die speziell für sie als Kinder produzierten Waren konfrontiert werden. Das heißt zugleich aber auch, diese Realitäten zunächst einmal im Kindergarten zuzulassen, sie und den Alltag der Kinder damit nicht auszugrenzen. Nur so können sie im praktischen Bauprozeß in neue

Phantasien einbezogen werden. Erzieherinnen können das allerdings nur dann ermöglichen, wenn sie diese Türen bereits für sich selbst geöffnet haben und das Bauen nicht als geordnete, pädagogisch kontrollierte Nebeneinander- und Aufeinanderschichtung von Bausteinen begreifen, die nach vollbrachter Arbeit wieder einzuräumen sind.

Bautätigkeit braucht nicht nur Material und Techniken, sondern eine Idee vom Menschen. Bauen beinhaltet immer auch die Konfrontation mit der Organisation und Sinnhaftigkeit menschlichen Lebens. Bauen ist keine Kopie der Realität und doch von ihr durchsetzt. Kinder greifen in ihren Bautätigkeiten meist Ereignisbereiche der Realität auf (und zur Realität zählt nicht nur die räumlich-örtliche, sondern auch die soziale und phantasievolle sowie auch die Medienrealität).

Schon im vorigen Kapitel wurde deutlich, daß Kinder ein verdichtetes Zeiterleben auszeichnet, daß das, „was aus ihnen herauskommt", vorher sehr dicht an sie herangekommen ist. Dazwischen liegt eine vielfache, sehr individuelle Dialog- und Deutungsarbeit, die nach außen nur wenig und nie direkt verstehbar wird. Dieser Ereignischarakter findet auch im Bauen seinen Niederschlag. Im konkreten Bauprozeß geschieht also eine Ausdrucksgestaltung und phantasievolle Verarbeitungen mit Anlehnungen an die soziale Wirklichkeit, an das Fernsehen, aber auch an Gefühle und Träume. Es entstehen je eigene Geschichten, die in die Bauwerke „hineinverstrickt" werden, ihnen aber in den seltensten Fällen ansehbar sind. Bauwerke von Kindern lassen sich nicht einfach ablesen, um sie zu verstehen, sondern es bedarf vieler beobachtender und interessiert zugewandter Bemühungen von Seiten der Erzieherinnen.*

Außerdem darf ein weiterer Aspekt nicht vergessen werden: Fast immer bauen mehrere Kinder gemeinsam. In der Gruppe findet ein doppelter Dialog statt: die Verständigung über das Was und Wie des konkreten Bauens und über die Bedeutungsarbeit, die Kinder dabei leisten. Letzteres meint die Abstimmung über das, was ihnen wichtig und wesentlich ist, was wofür steht, welche Form, welches Material einen Gedanken, ein Gefühl, eine Sicherheit oder eine Frage geeignet ausdrücken kann. Auch diese Dialoge sind nur in Ausschnitten „öffentlich"; die hörbare Kommunikation zwischen den Kindern ist nur ein Teil der Abstimmung zwischen ihnen. Und auch sie enthält Codes, also Schlüsselwörter, Signale, die beteiligte Erwachsene nicht ohne weiteres entschlüsseln können; denn ihnen fehlt der die Kinder verbindende und ihnen gemeinsame Hintergrund: Kind zu sein in einer gegenwärtigen Welt.

Als nächster Aspekt für die Planung ist zu bedenken, daß Kinder für das Bauen tatsächlich viel Raum und Zeit benötigen. Bauen ist ein Prozeß, der oft über Tage und Wochen nicht „fertig" ist, da sich in ihm Geschichten entwickeln und ausgetragen

---

* Ich verweise hier auf konkrete Be(ob)achtungen, wie sie in Band 3 der Reihe ausführlich beschrieben und kommentiert sind: Erika Kazemi-Veisari: Von Kindern lernen, mit Kindern leben, Herder, Freiburg 1995

werden. Kinder brauchen sowohl in der Fläche als auch in der Höhe Raum. Bauen ist Raumausdehnung in jede Richtung, in der Erfahrungen mit oben – unten, hinten – vorn, nah – weit entdeckt und ausgereizt werden wollen. Grundrißbauten ziehen sich über die Fläche hin, zergliedern sie und setzen bedeutungsvolle Akzente. Straßen und Wege durchziehen solche Entwürfe und brauchen zur Nutzung viel Platz. (Die meisten Kinder haben lange Autofahrgewohnheiten hinter sich und erleben Straßen als unbeschränkt und in die Welt hinausführend!) Der Bau in die Höhe und Tiefe entwickelt sich durch Tunnel, Brücken, Türme, Rampen. Sie erlauben Kindern, mit unterschiedlicher Perspektive an sich hoch oder herunter zu sehen, sich je nach Standort klein oder groß zu fühlen und doch Beherrscher des Geschehens zu bleiben. Auch dies ist eine Erfahrung, die unmittelbar Bezug hat zu lustvollen oder versagten Anteilen ihrer eigenen Lebensgeschichte. Die Bautätigkeiten sind unmittelbar gekoppelt an körperliche Bewegung: strecken, beugen, fallen lassen, tragen, liegen, sitzen, knien, hochsteigen sind Körperbewegungen, die das Bauen erst ermöglichen. Sie sind gekoppelt an Gefühle sowie an Bedeutungsarbeit, deren Ausdruck sie sind oder die sie hervorrufen. Um so im Bauen Raum für sich gestalten und organisieren zu können, brauchen Kinder geeigneten Raum: genügend große Podeste, die Bauwerke vom Fußboden erheben, auf denen stehen bleiben kann, was die Kinder nicht selbst wieder abbrechen wollen. Nichts ist schlimmer als ein Ereignis, in das Kinder sich vertiefen

und in dem sie immer auch so sehr als Person drin-
stecken, abbrechen zu müssen, weil geputzt oder
geräumt wird, oder weil durchlaufende Personen
mit den Füßen mühsam Errichtetes anstoßen und
dieses dann zusammenfällt. Die Baustelle sollte ab-
gegrenzt sein von Durchgangswegen oder lebhaft
genutzten Nachbarflächen. Stehen Baupodeste mit
einer Seite zur Wand, so lassen sich dort mit Win-
den und anderen Montagen Bau- und Spielaktionen
in die Höhe und von der Höhe herunter ermöglichen. Grundsätzlich sollte auch der Einsatz von
Nägeln und Schrauben mit entsprechendem Werkzeug möglich sein, um bei Bedarf zusätzliche Raum-
nutzungen im Spiel herauszufordern und wirklich
zu machen.

So bedeutet Raumplanung vor allem die
Absicherung von Raum und Ungestörtheit, das
Zurverfügungstellen geeigneter Materialien
und die innere Beteiligung der Erzieherinnen
an dem, was die Kinder mit den Angeboten
entwickeln. Eine vielseitig geplante Baustelle
macht vielleicht auch Erzieherinnen wieder
Lust auf solche Raumeroberungen und hilft
auch hier, sparsam mit pädagogischen Zuord-
nungen und Begrenzungen umzugehen.

Erzieherinnen als Künstlerinnen
Beispiel 6: Was Kinder über Ordnung denken

Räume, so wurde deutlich, schaffen Orientierungen und Strukturierungen. Ihre äußere und innere Ordnung zeugt von dem Leben, das in ihnen stattfinden kann, von Festlegungen und Entdeckungen, die in ihnen möglich sind. Lernen ist kein Einkauf von Wissen – und der Raum kein Supermarkt dafür – und auch keine Einlage, die mit der sicheren Garantie von Zinsen investiert wird. Lernangebote treffen nicht voraussetzungslos auf Kinder, sondern auf Erfahrungen, auf Vorstellungen und Absichten, die Kinder in ihrer bisherigen Lebensbewältigung herausgebildet haben. Lernen und das Selbst des Kindes entwickeln sich im Austausch mit der Welt. Die Art und Weise des Lernens – ob durch Neugier, Fragen, Forschen, Probieren oder durch die Annahme vorgelegter, expertenbestimmter Lernportionen – wird durch den Raum wesentlich mitfestgelegt. Er entscheidet mit, wie Kinder mit ihrer Person umgehen, welche Ansprüche und Kontrollen sie verinnerlichen. Raumplanung und -gestaltung regeln, ob Kinder sich den Raum untertan machen können oder ob sie sich seinen Bedingungen gegen ihre persönlichen und kollektiven Bedürfnisse unterwerfen müssen. Räume fordern auf zu Stillbeschäftigungen oder kreativer Forschungstätigkeit. Herrschaft vollzieht sich nicht nur über Zeit, sondern auch über Räume. Raum zu geben heißt immer auch, Mitbestimmung, Bewegung (= Veränderung) und Entwicklung zu ermöglichen.

Räumlich und zeitlich vorgegebene „Zweckmäßigkeiten" und Ordnungen dagegen unterliegen immer der Gefahr, daß sich Nicht-Dürfen in Nicht-Können verwandelt. Starre Festlegungen im Raum schränken die selbständige Aneignung und Gestaltung von Sinngehalten ein. Jeder Raum braucht allerdings, damit die darin lebenden Menschen ihn für wechselnde Vorhaben optimal nutzen können, auch Regeln. Regeln für ein Miteinander können aber nur unter Mitsprache aller beteiligten Personen gefunden werden. Das trifft auch auf den Kindergarten zu, in dem die Kinder in das Suchen und Erproben von Regeln und Ordnungen einzubeziehen sind. Diese sollten mit der Absicht entwickelt werden, kollektives Leben in seinen vielen Facetten zu ermöglichen und nicht, um Kontrolle und Übersicht für die Erwachsenen zu optimieren.

Das folgende – leicht gekürzte – Protokoll einer Kinderkonferenz mit 4–5jährigen behandelt das Thema Aufräumen, Pflichten, Ämter. In dieser Gruppe ist sämtliches Material für die Kinder frei zugänglich. Es ist üblich, das Frühstück täglich in Eigenregie durch die Kinder zuzubereiten und in kleinen Gruppen an einem besonderen Tisch einzunehmen. Die Kinder finden sich zu diesen kleinen Gruppen selbst und in eigener Zeiteinteilung zusammen. Zu dieser Frühstücksregelung, die schon über einen langen Zeitraum praktiziert wird, gehört das Einkaufen der Lebensmittel ebenso wie das Abwaschen des Geschirrs. Sowohl in bezug auf das Aufräumen der Spielmaterialien als auch auf die Frühstückssituation bezogen haben sich Unregelmäßigkeiten und Probleme entwickelt, die von den Erzieherinnen so eingeschätzt werden, daß sie das Gruppenleben zu stören beginnen. Sie selbst fühlen sich in die Rolle gedrängt, den Kindern Verantwortung abnehmen zu müssen. Deswegen bringen sie das Thema auf die Kinderkonferenz – auch sie findet seit einiger Zeit regelmäßig statt. Die Konferenzen werden regelmäßig auf Cassette aufgenommen. Das Protokoll ist eine auszugsweise Abschrift einer solchen Aufnahme.

Erz.: Wir wollen heute mit euch über das Thema Ordnung sprechen, weil bei uns viele Sachen nicht klappen. Wir überlegen uns, ob wir immer diejenigen sein sollen, die euch sagen, daß ihr aufräumt. Was gehört für euch denn zur Ordnung?

Kind: Aufräumen.

Kind: Ich auch. Geschirr wegräumen.

Kind: Abtrocknen.

Kind: Und wieder wegbringen das Geschirr.

Kind: Fegen. Tisch decken.

Kind: Abräumen, Milch holen, Brötchen holen.

Erz.: Tut ihr diese Dinge eigentlich gerne – so wie Brötchen holen, abwaschen, aufräumen, fegen?

Kind: Ne.

Erz.: Und warum nicht?

Kind: Weil es immer so langweilig ist. Jeden Tag fast das gleiche. Und weil es nicht so schön ist, jeden Tag fast immer das gleiche zu machen.

57

Kind: Wenn man viel ausgeräumt hat, dann muß man ja auch wieder viel wegräumen.

Kind: Ich find' das gut.

Erz.: Wegräumen?

Kind: Ja.

Kind: Finde ich auch gut, weil das soviel Spaß macht.

Kind: Mir bringt's ein bißchen Spaß, nämlich da hat man wieder viel mehr zum Finden, und dann kann man sich wieder was Neues bauen. Da braucht man nicht immer zu suchen und zu suchen und findet das nie. Weil man schon alles vergessen hat, wo das ist.

Kind: Wenn man das hingelegt hat, und dann findet man das nicht, wo man das noch mal hingelegt hat.

Kind: Ich habe schon mal Buntstifte gefunden, wo die ganzen Scheren liegen.

Erz.: Findest du das gut?

Kind: Ne.

Erz.: Warum nicht?

Kind: Weil die Kinder ja ein bißchen aufpassen können, daß nicht alles in Krims reingeht.

Das Gespräch wechselt jetzt zum Thema „Frühstückssituation" über. Die Erzieherin problematisiert die Situation in folgenden Worten:

Erz.: Also bleibt das Geschirr jetzt stehen, unabgetrocknet, und wenn ihr Montag den Tisch decken wollt, dann ist kein Geschirr im Schrank, dann müssen erst Kinder beigehen und das Geschirr abtrocknen?

Kind: Vielleicht ist es morgen ja schon trocken – so?

Kind: Vielleicht trocknet das ja von selbst.

Kind: Das muß ja trocken sein bis überübermorgen!

Kind: Vielleicht kommt ja die Sonne und trocknet das von alleine. Wir sind sowieso nicht da.

Kind: Oder vielleicht, wenn es hier solange steht, wird es allmählich, ganz langsam trocken.

Erz.: Wie wollen wir denn jetzt damit umgehen? Sollen wir euch immer sagen, was ihr tun müßt?

Kind: Nein, nein!

Kind: Alleine machen!

Erz.: Wie denn?

Kind: Uns einig werden, wie wir das machen.

Kind: Man kann ja, daß die Kinder sich melden. Wenn sich keiner meldet, müßt ihr sie bestimmen, aussuchen.

Erz.: Also soll das so sein, daß man fragt, wer abwaschen möchte? Und wenn keiner abwäscht? Dann bleibt das ganze schmutzige Geschirr stehen?

Kind: Nein, dann waschen die Kinder ab, die abwaschen müssen.

Erz.: Aber wenn da nun keiner ist, der abwaschen möchte?

Kind: Dann müssen die es eben den nächsten Tag abwaschen.

Kind: Oder es gibt gar kein Frühstück.

Kind: Oder man holt Brötchen und dann muß man vom Tisch essen.

Erz.: Findet ihr das gut, ohne Teller und Tassen?

Kind: Nö, dann kann man überhaupt nicht trinken.

Kind: Oder wir können Geschirr aus den anderen Gruppen holen.

Kind: Oder wir essen nur zu Hause und nicht im Kindergarten.

Kind: Oder wenn man nicht abwäscht, dann kann man eben kein Frühstück machen, und dann haben die selber Schuld.

Kind: Oder wir können ja auch Obst oder so.

Kind: Wir können ja auch mittags ganz viel essen und nicht frühstücken.

Jetzt geht es im Gespräch wesentlich darum, warum es sinnvoll ist, zu frühstücken, und warum diese Mahlzeit auch im Kindergarten beibehalten werden soll. Danach bringt die Erzieherin wieder die Frage ein, ob es in Zukunft Ämter geben soll, die festlegen, welches Kind was wann zu tun hat, oder ob die Arbeiten über Freiwilligkeit geregelt bleiben sollen.

Mehrere Kinder: Freiwillig, freiwillig!

Kind: Am besten gleich abwaschen und abtrocknen, wenn man fertig ist mit dem Frühstück.

Erz.: Gut, wollen wir es mit der Freiwilligkeit probieren?

Mehrere Kinder: Ja.

Kind: Ich will abwaschen.

Kind: Ich will auch abwaschen.

Kind: Zwei können nicht abwaschen.

Ein Kind macht jetzt einen Vorschlag zum Thema „Aufräumen":

Kind: Ihr könnt ja den anderen fragen, wer mitgespielt hat, und du räumst zuerst mit mir auf, und dann helf ich dir mit.

Kind: Und wenn Fränzi und Steffi immer nicht aufräumen und sagen: Kann ich das bitte stehen lassen und so, oder Lilly oder der André oder irgendeiner? Das finde ich immer so fies.

Kind: Und du hast uns immer verpetzt, nich?

Kind: Ihr ja auch!

Kind: Ne!

Kind: Doch!

Kind: Ne, stimmt gar nicht!

Kind: Wenn ich Lilly was sage, dann sagt sie's meistens jemand anders.

Kind: Ja, oder wenn wir ihr mal ein Geheimnis sagen, dann sagt sie's jemand anders. Wenn Fränzi oder ich ihr mal was sagen wollen, oder Fränzi mir, dann muß sie immer gleich nachgehen. Das finde ich nicht schön.

Kind: Und wenn wir mal spielen wollen und Lilly macht Streit, daß wir dann woanders spielen. Da muß sie immer hinterherrennen, die Lilly!

Kind: Genau!

Jetzt greift die Erzieherin das Thema „Streit" auf (das schon häufiger Thema in der Konferenz war) und die Kinder machen Vorschläge, wie damit umzugehen sei. Ein Kind findet schließlich den Weg zurück zum Thema „Aufräumen".

Kind: Ich hab' auch mal einen Vorschlag: Wenn man da spielt und dann hier in dem Haus und dann dahinten malt, dann muß man ganz schön viel wieder aufräumen.

Die Kinder machen in diesem Gespräch deutlich, daß Ordnung für sie ein Problem ist, das sie in ihren individuellen Bedürfnissen und ihrem gemeinsamen Umgang miteinander berührt. Es ist kein Problem „an sich", und es gibt deshalb auch keine „Lösungen", wie sie sich Erwachsene vielleicht wünschen: klare Richtlinien oder Absprachen. Die Kinder reden über sich, ihre Erfahrungen und Erwartungen, sie suchen nach einer inneren Ordnung und Orientierung, die sich auf Probleme im Miteinander klärend auswirken könnte. Die Probleme sind gleichwohl bezogen auf räumliche und gegenständliche Gegebenheiten und den Tagesablauf, sie werden aber als persönliche Anliegen besprochen. Die Kinder mühen sich um Verantwortung (auch um ihre Abgabe), um ihren Platz im Gesamten. Sie sind noch sehr unterschiedlich in der Lage, ihre Bedürfnisse zu artikulieren oder auch schon das Gegenüber in seinen Wünschen anzuerkennen und einzubeziehen. Auch dies muß ja erst erfahren werden können: daß die eigenen Bedürfnisse nicht über den anderen hinweg Befriedigung finden können, sondern daß Dialog und Respektierung notwendig sind. Die Aufgabe der Erzieherinnen ist nicht die Formung von Kindern, sondern der Dialog, in dem sie verstehen und vermitteln, Erziehung – in diesem Verständnis –verhilft zum Ausdruck, stärkt Kräfte und Einzigartigkeiten, achtet Widersprüche als Versuch, die Welt zu ordnen und sich in ihr zu orientieren und zu beheimaten, nimmt Eigentümlichkeiten als Ausdruck individueller Lebensbewältigung ernst und hebt Beziehungen in der Vernetzung mit anderen hervor. Dabei haben wir es immer mit der Sicherheit von Erfahrungen zu tun und der gleichzeitigen Verunsicherung durch Erfahrungen, mit Ungleichgewichtigkeiten zwischen Innen- und Außenwelt des Kindes. Die Erzieherin befindet sich dabei im Spannungsfeld zwischen Ermöglichen und Strukturieren, Sicherheit geben und Offenheiten zulassen. Und so bilden Räume und ihre Regeln ab, welche Vorstellungen die Raumplaner von Kindern haben und was sie von ihnen erwarten. Die Spannung zwischen Risiko und Sicherheit, zwischen Fremdanforderung und selbst gestellten Aufgaben, zwischen Schutz und Freiraum prägt entscheidend die Einstellung, die Kinder von der Welt, von den Erwachsenen und von ihrem Verhältnis zu beiden gewinnen. Es prägt auch, was sie wagen, was sie träumen, was sie wissen wollen oder was sie lieber bleiben lassen, weil sie spüren, daß es nicht erwünscht ist. Eine Kleinhaltung von Kindern, wie sie durch Räume – und die, die sie planen – auch bewirkt werden, behindert die Großartigkeit der Persönlichkeitsentwicklung von Kindern. Räume gestalten auch Beziehungen mit. Dazu gehört die Erfahrung von Kindern, ausreichend Raum zugestanden zu bekommen und diesen auf eigene Rechnung, d. h. mit eigener Praxis und eigenen Regeln, beleben zu können. Räume bestimmen, wo und zu welchem Zweck sich Gruppen bilden und miteinander tätig sein können; ob lebendiger Kontakt oder rituelles Verhalten in ihnen geschieht.

Möbel und ihre Bauweise sowie die Gliederung des Gruppenraumes steuern die soziale Interaktion, indem sie Nähe, Blickrichtungen und Körperhaltungen mitbestimmen, sich aber auch auf Gedanken, Handlungen und Phantasien auswirken. Die Weltoffenheit und Kompetenz, Schutz und Unterstützung, die Kindern zugestanden werden, vermitteln sich auch über Räume. Sie wirken von diesen zurück auf jedes einzelne Kind sowie auf die Beziehungen miteinander. Kindergartenräume sind für diese Kommunikation zu gestalten und werden nur durch sie lebendig.

3. Programme werden Entwürfe. Planung heißt: Fragen organisieren

Gedeutete Kinderinteressen und Deutungsarbeit von Kindern
Beispiel 7: Didaktische Spielwaren

Wenn Erzieherinnen danach suchen, was sie mit Kindern und für sie tun könnten, haben sie es immer mit einem Grundsatzproblem zu tun: Was wir über Kinder denken, welche Bedürfnisse und Ansprüche, welche Entwicklung und welche Fähigkeiten wir ihnen wie zuschreiben, tun wir als Erwachsene, als Erwachsene mit einer je eigenen Kindheitsgeschichte. Diese bestimmt mit, wie wir Kinder im Zusammenhang mit uns als Person sehen – als Ersatz für Teile unseres eigenen Selbst, die wir nicht richtig entfalten konnten, als Verbündete oder sogar als Gefahr und Verunsicherung für persönliche Wünsche, Ängste, Bedürfnisse und eigenes Wissen. Wir denken über Kinder auch als Teil einer Berufsgruppe, die in Ausbildung und Berufsalltag mit unterschiedlichsten Definitionen von Kindsein und Kindseinsollen konfrontiert ist, auch mit scheinbar plausiblen Alltagstheorien („man" weiß eben, was Kinder tun sollen, was ihnen nützt und schadet, und mischt sich – anders als in vielen anderen Berufen – jederzeit in unsere Aufgaben ein). Wir machen auch Erfahrungen mit sich widersprechenden Wissenschaftserkenntnissen und haben oft Schwierigkeiten, nachzuvollziehen, wie man dort zu den unterschiedlichen Ergebnissen gekommen ist, die nicht immer mit unseren eigenen Erfahrungen übereinstimmen. Und wir sind konfrontiert mit pädagogischen „Moden", die vorgeben, was zur Zeit gerade fortschrittlich ist. Oft ist uns nicht nachvollziehbar, wie dieses Trends entstanden sind. Wir denken außerdem über Kinder immer aus unserem eigenen Ethik- und Werteverständnis heraus, das allerdings auch für uns selbst oft genug diffus bleibt. Das merken wir dann, wenn wir Entscheidungen und Verhalten gegenüber hartnäckigen Nachfragen und anderen Standpunkten begründen müssen. Dies alles bedeutet, daß jede Aussage über Erziehung und Planung ein Bild vom Kind enthält und dieses Bild ein komplexes Ensemble aus Eigen- und Fremdanteilen ist.

In den letzten Jahrzehnten hat es immer wieder heftige Diskussionen darüber gegeben, was denn „kindgemäß" sei. Damit war auch die Frage nach den Bedürfnissen von Kindern gemeint. Es hat Versuche gegeben, Kindern Bedürfnisse zuzuschreiben, ohne daran zu denken, daß Erwachsene immer auch ihre Ansichten, Wünsche und Erfahrungen darin verwickeln. Die Bedürfnisse der Kinder zu definieren und dann eine entsprechende Bedürfnisbefriedigung zu planen, vergißt, daß Bedürfnisse entstehen, sich prozeßhaft entwickeln und nicht als abrufbares Paket jedem Kind mitgegeben sind. Dies ist eine Binsenweisheit und jedem Menschen, der mit Kindern zu tun hat, aus vielen alltäglichen Situationen bekannt.

Aus welcher Motivation heraus entsteht dennoch immer wieder der Wunsch, Kindern genaue Bedürfnisse zuzuschreiben? Und was hat das zur Folge?

Zum einen ist es sicherlich die Rückbesinnung auf die eigene Kindheit: Man erinnert sich an eigene Vorlieben und Wünsche als Kind sowie daran, wie man lernte, damit umzugehen, und ordnet es ein in die Bewertung der eigenen Entwicklung (was hat mir genützt, was geschadet?). Dieser Vergleich ist problematisch, weil er davon absieht, daß es sich um verschiedene Personen handelt, die da verglichen werden, um sehr verschiedene Lebenswelten und Bedingungen des Aufwachsens; in diesen Zeitläufen haben sich gesellschaftliche Werte und Alltagspraktiken verändert. Es erfordert viel Bemühen, diese Bedingungen zu erfassen und Kindern darin die eigene Kindheit zuzugestehen sowie auch herauszufinden, unter welchen Chancen und Einschränkungen sich diese entwickelt, und in diesem Geflecht die planenden Aufgaben als Erzieherin zu erkennen.

Und damit kommen wir zu einem möglichen zweiten Grund dafür, Bedürfnisse von Kindern bestimmen zu wollen. Es scheint dem nicht nur der Wunsch Erwachsener nach eigener Orientierung zugrunde zu liegen, sondern zugleich die Absicht, damit Kindern Orientierungen zu geben. Wenn wir Bedürfnisse für Kinder formulieren (also auch aussagen, alle Kinder hätten diese Bedürfnisse), so sehen wir darin zugleich einen Ansatz für Planungen, für Angebote und Interventionen. Diese werden durch vorherige Bedürfnisdefinitionen als „kindgemäß" ausgewiesen. Das Problem besteht darin, daß damit aber immer auch die Kinder ausgerichtet werden, d. h., ihre Entwicklung als Person wird an Vorgaben orientiert und an ihnen gemessen. Bedürfnisformulierungen sind immer in die Zukunft gerichtet, sie sind etwas, das erst noch zu erfüllen wäre. Oft entwickelten sich in der Geschichte der Pädagogik sogar Bestimmungen darüber, wessen Kinder „bedürfen sollen".

In eine Bedürfnisdiskussion fließt also immer auch die Vorstellung darüber ein, was Erziehung zu leisten hätte. Werte, Normen und erwünschte Ergebnisse sind Teil solcher Bestimmungen und der auf sie folgenden Planung. Erwachsene finden so ihren Rahmen, in dem sie handeln wollen, Spielräume und Sicherheiten finden.

Welches Bild vom Kind aber ist hierin enthalten? Auffallend ist, daß Kinder dabei nicht zu Wort kommen, sondern von Erwachsenen (die keine Kinder mehr sind) pauschal interpretiert werden. Dabei gerät das Individuum, die komplexe Persönlichkeit Kind mit ihren spezifischen Bedürfnissen und ihrer eigenen Sicht davon aus dem Blick. Zusätzlich wird dem Kind auch abgesprochen, seine Bedürfnisse selbst zu erkennen, diese ausdrücken und entwickeln zu können. Das Problem besteht darin, daß solche Standards unser Verständnis, unseren Blick und unseren Umgang mit Kindern festlegen und uns in die Rolle zwängen, Kinder an bestimmten Bedürfnissen zu messen – anstatt sie als Menschen in ihrer Gesamtheit und Widersprüchlichkeit erst zu entdecken. Das Bedürfnis zum Beispiel, sich wohlzufühlen (ein Bedürfnis, das sicher bei allen Kindern vorausgesetzt werden kann), wird von Kind zu Kind sehr unterschiedlich gesehen und braucht sehr verschiedene Bedingungen und Unterstützungen – die auch nicht jeden Tag gleich sind –, so daß uns eine solche allgemeine Feststellung kaum weiterhilft. Entscheidend ist dann, ob wir auch noch festlegen, was „Wohlfühlen" für Kinder heißt und darauf wertend und planend zusteuern. So geht verloren, Kindern zuzutrauen, ihre Bedürfnisse handelnd zu bewältigen, an ihnen zu lernen und sich in Auseinandersetzungen auch in eigener Regie entwickeln zu können. In diesem Ansatz sind wir es, die diese Aufgabe durch Fördermaßnahmen zu leisten hätten.

So kindgemäß diese Art von Bedürfnisorientierung und die aus ihr folgende Planung auch scheinen mag, so sehr macht sie Kinder doch zu Objekten, für die bewertet, geplant, gehandelt wird.

Extrem deutlich wird das am Beispiel der sogenannten didaktischen Spielwaren. Das sind solche, die gezielt zu genau bezeichneten Förder- und Lernzwecken hergestellt und verkauft werden, wie z. B.

viele Brett- und „Karton"spiele, Lerncenter, Vorschul-
mappen. Diese Waren verkaufen sich über das Versprechen einer Sicherheit: Sie sollen gegen Unge-
ordnetheit und Perspektivlosigkeit im Kindergarten
gezielte, nachweisbare und sinnvolle Arbeit leisten.
Die Arbeit von Erzieherinnen hat sich immer gegen
schulische Lehrpläne und den – nicht nur von dort –
definierten Anspruch auf Leistung verteidigen müssen. Kindergartenarbeit gilt auch heute oft noch als
zufallsbestimmt, unprofessionell und unsystema-
tisch in der Methodik und den Zielbestimmungen.
Didaktische Spielwaren sind in dieser Situation ein
willkommenes Versprechen. Diese – wie sie auch
genannt werden – Lernspielwaren geben genau vor,
was gelernt werden soll, wie es gelernt werden soll
(das bestimmen eingebaute Funktionen, zugehörige
Spielregeln oder Arbeitsanleitungen für die Erzieherin) und mit welchem Ergebnis ein erfolgreicher
Umgang mit den Spielwaren gekoppelt ist.
Didaktische Spielwaren haben jedoch, mißt man sie
daran, wie Kinder lernen wollen und dies unter geeigneten Bedingungen auch tun, gravierende Nach-
teile, die gegen Kinder sowie gegen den Dialog zwischen Erzieherinnen und Kinder gerichtet sind.

1. Das Lernen mit solchen Spielwaren geschieht an
abstrakten Kategorien. Sinn entwickelt sich nicht als
selbstgefundene Bedeutung, sondern ist der Spielware zum Nachvollzug beigegeben. Sie werden mit
einem Sinn verkauft. Das ist ihr Erfolgsgeheimnis.
Knöpfe drücken, Teile ineinanderpassen oder „richtig" aneinanderreihen, eingebaute Wirkungen auslö-

sen oder Spielregeln einhalten, die zwar allgemein mit dem Alltag der Kinder zu tun haben, aber am Spielbrett bearbeitet werden sollen, bedeutet weder handelndes Lernen noch hilft es dem Kind, sich mit seiner Person in Beziehung zu setzen.

2. Didaktische Spielwaren vertreten und veranschaulichen das Prinzip statischer Wisseneinverleibung. Lernen wird nicht als Bewegung, Experiment und Eingreifen ermöglicht, sondern als Training und Aufnahme vorgegebener Sachverhalte und Strukturen. Die Materialien und ihre Umgebung verändern sich im Spiel nicht, sie behalten ihre mitgebrachte Ordnung und regieren mit ihr das Tun. Das Kind soll im quantitativen Zuwachs von Wissen allmählich reif werden für die jeweils nächsten Lebensetappen.

3. Lernen wird mit diesen Spielwaren zum Einkauf von Wissen, also konsumierbar. Lernen soll damit nicht in Dialog- und Forschungsprozessen geschehen, in denen immer auch spannende Begegnungen stattfinden, die Neugier und Fragen auslösen, auf die das Lernen dann eine Antwort sucht. Darüberhinaus spüren Kinder, daß ihnen diese Spielwaren gegeben werden, damit sie etwas Bestimmtes „richtig" lernen. Oft geschieht dieses Lernen unter Anleitung, und die als „pädagogisch wertvoll" deklarierte Ware geht nie in den Besitz der Kinder über. So bleibt sie auch immer etwas Fremdes, nicht wirklich zum Kind Gehöriges.

4. Manche Firmen werben damit, daß Kinder mit solchen Spielwaren unbemerkt lernen, Spiel und Spaß stünden im Vordergrund. Hier wird das Ler-

nen denunziert, als ob es etwas Unangenehmes sei, das man verheimlichen müsse. Und es wird Kindern unterstellt, daß sie nicht lernen wollen. Da sie mit den Spielwaren etwas Bestimmtes lernen sollen, dieses aber nicht offen ausgesprochen und schon gar nicht in die Mitentscheidung von Kindern gestellt wird, wird damit die Folgerung legitimiert, Kinder bestimmten und ständigen Verhaltensanforderungen und -korrekturen aussetzen zu müssen. Da sie auch wollen sollen, was sie lernen sollen, wird dem Lernen der Spaß beigegeben. Didaktische Spielwaren kommen oft bunt und besonders albern daher und wollen über ihre Aufmachung die Sinne verführen.

5. Lernen soll unkritisch geschehen. Das Spielwarenangebot unterstützt das, indem es sich geschlossen und fertig präsentiert. Wenn Kinder mit Wirklichkeit umgehen, d. h., an ihrem Leben lernen, nach Lösungen und Wahrheiten suchen, so lernen sie dabei auch an Krisen, Risiken, vor allem aber an Lebendig-Unfertigem. Didaktische Spielwaren wollen den Trugschluß als wahr verkaufen, alles, was die Zukunft an Erfahrung und Wissen erfordere, sei im Gebrauch von Spielwaren zu erwerben, und zwar durch Wiederholung und Training, bei dem die Spielware selbst nicht in Frage gestellt werden muß.

6. Das Lernen wird abgetrennt von Verantwortung. Die Verdinglichung menschlicher Beziehungen wird durch solche Spielwaren schon im Kindesalter angestoßen. Es steht in diesem Zusammenhang nicht nur die Verantwortung jener zur Debatte, die

es zulassen, daß die Welt über Spielwaren in einer einengenden und verfälschenden Weise produziert und interpretiert wird, es wird auch den Kindern die Verantwortung für ihr eigenes Leben und Lernen abgesprochen. Diese allseitige Versorgung entrechtet Kinder und behindert Lernen und Handeln in gemeinschaftlicher Verantwortung. Die Spielwarennutzung findet meist als Einzelspiel oder – wenn als Gruppenspiel – dann als Unterordnung unter Regeln statt.

7. Diese Spielwaren sind expertenbestimmt, d. h., Erwachsene führen die Kinder schrittweise in das, was ihrer Meinung nach Lebensbewältigung auszumachen hat, ein. Lernen ist dabei portionsweise geplant. Kinder erleben ihre Ohnmacht gerade auch in dieser Erfahrung, daß ihr Lernen von Experten abhängig ist und ihnen zugeteilt wird, ihr eigenes Lernen aber wenig gilt. Didaktische Spielwaren sperren die Möglichkeit aus, Einfluß ausüben zu können. In dieser Tatsache drückt sich ein entscheidendes Machtverhältnis über Kinder aus.

8. Das Lernen mit diesen Spielwaren erfolgt scheinbar für alle Kinder gleich, unabhängig von Kultur, Lebensalltag und Biographie. Da die Kinder so daran gewöhnt werden, zum Erkennen (!) nicht aufgefordert zu sein, wird Routine erzeugt, die im Falle dieser Spielwaren durch ihre sich immer wiederholenden Handlungsanweisungen gestützt wird. Wenn die Lernenden nicht selbst im Lernen eine Beziehung zwischen sich und ihrer Umgebung gestalten können, verkümmert Lernen leicht zu Reagieren.

9. Didaktische Spielwaren zielen auf einzelne Fertigkeiten und Kenntnisse, wobei der Ausbildung zur instrumentellen Vernunft der Vorrang gegeben wird. Ein Problem wird so nicht in seinem ganzen Umfang mit all seinen Widersprüchen erfaßt und bearbeitet, sondern in Teile gespalten. Kinder werden als Mängelwesen gesehen, als Menschen, die genau bezeichnete Leistungen noch nicht vollbringen. Dieser Mangel soll behoben werden durch die „Förderung", auch das auf die Teile bezogen. Lernen wird zu einem Puzzle, dessen Teile sich nacheinander zum fertigen Bild fügen lassen sollen. Dieses Bild vom Lernen widerspricht entschieden dem Lernen eines Kindes, vergleichbar mit dem Knüpfen eines Netzes: Dieses wird in Auseinandersetzungen, Experimenten, Fehlern und Sicherheiten geknüpft und bezieht immer die handelnde und denkende Person in ihrem Erlebnis und ihrer Gegenwart ein.

10. Didaktische Spielwaren unterstützen risikoloses Lernen. Sie sorgen für schnelle Erfolge, für ergebnisgesichertes Lernen ohne Verschleiß, Risiko, Langwierigkeit, Anstrengung, Austüfteln, Experimentieren. Umwege machen sind nicht gefragt und in den vorgefertigten Spielwaren eher störend. Mißerfolge werden bei solcherart „perfekten" Spielwaren fast immer dem Kind als Versagen angelastet. Leicht soll das Lernen mit solchen Spielwaren gemacht werden. Leistung wird zu einer Verwirklichung in vorher bestimmten Teilgebieten.

Aber wer den Unterschied beobachtet zwischen Kindern, die sich am Tisch mit didaktischen Spiel-

waren abarbeiten, und solchen Kindern, die inter-
essegeleitet auf der Suche danach sind, Wahrheiten
zu finden und Wirklichkeit für sich in den Griff zu
bekommen, der bemerkt den Unterschied zwischen
Langeweile und sinnhafter Existenz.

So wird mit einer total geplanten Spielware
zugleich der Versuch unternommen, Kinder
ebenso total zu verplanen und im Sinne
dieser Planung auf ihr Lernen, ihr Verhalten
und auf ihre Deutungsarbeit einzuwirken.

Kinder haben Anspruch auf sinnhafte Existenz
Beispiel 8: Idole von Jungen

Die Beachtung des Rechts von Kindern, zu sagen
und zu fragen, was ihnen am Leben wichtig ist,
macht Planung nicht überflüssig, sondern öffnet
diese zum Dialog. In diesem Sinne heißt Planung
auch, Fragen zu organisieren: sich zu fragen, worin
man selbst den Sinn von Existenz sieht und was
dabei wichtig und ungeklärt ist, aber auch Kinder
zu fragen, wie sie was denken, was sie erwarten
und welche Erkenntnisse sie wie gefunden haben.
Es heißt auch, Kinder dazu zu ermutigen, Fragen
zu stellen und nicht mit angenommenen Fertigkeiten zu brillieren, um zu beweisen, wie tüchtig sie
– lehrbuchgetreu – schon sind.

Das folgende Gespräch ist im Rahmen eines Unterrichtsprojektes als Aufgabe formuliert worden. Ausgangssituation war die Auseinandersetzung mit veröffentlichten Interviews zum Thema „Idole von Jungen und Mädchen"* und der Wunsch, sich selbst von den Ansichten der Kinder, die die Studierenden aus eigenen Praxiszusammenhängen kennen, ein Bild zu machen.
Interviewt wurde der 8jährige Serkan.**

Frage: Serkan, welche Zeichentrickfiguren magst du denn gerne?
Serkan: Superboy und Superman.
Frage: Was macht denn der Superman im Film?
Serkan: Der kann fliegen; dann rettet er alle, die in Gefahr stecken.
Frage: Möchtest du denn wie Superman sein?
Serkan: Ja!
Frage: Warum möchtest du das?
Serkan: Der war mal als Kind geboren und dann ist sein Planet – er kommt aus dem Weltraum –, dann ist sein Planet explodiert und

---

* Vgl. Helga Theunert (Hrsg.): „Einsame Wölfe" und „Schöne Bräute". Was Mädchen und Jungen in Cartoons finden. Erstellt vom Institut Jugend Film Fernsehen (JFF) im Auftrag der Bayrischen Landeszentrale für neue Medien (BLM) München, August 1993
** In viele Kindertagesheime sind Hortgruppen integriert. Deshalb wird dieses Beispiel hier einbezogen. Serkan wurde um seine Zustimmung für die Veröffentlichung dieses Interviews gebeten. Bevor er seine Antwort gab, hörte er sich noch einmal prüfend die Cassette mit seinen Aussagen an. Dann sagte er zu. Ich danke ihm dafür.

dann hat er so ein Flugzeug gekriegt, dann ist er reingegangen und hat eine Decke gekriegt, dann ist er irgendwo hingelandet. Dann sollten da seine Mutter und Vater sein, wo er hingelandet ist. Da hat er so eine Frau und einen Mann gesehen, das sollte seine Mutter und sein Vater sein. Dann hat die Mutter aus der Decke für ihn einen Anzug gemacht für Superboy, ja!

Frage: Was für ein Anzug ist denn das?

Serkan: Das ist so ein Mantel, mit dem er fliegen kann, dann steht auf dem Mantel so ein „S" für Superboy.

Frage: Was meinst du, was ist besonders an diesem Mantel?

Serkan: Kraft! Diesen Anzug hat er immer unter seinen normalen Sachen an.

Frage: Was denkst du denn: Warum hat er das unter seinen normalen Sachen an?

Serkan: Der heißt in der Welt „Clark Kent", denn er möchte nicht, daß jeder weiß, daß er Superboy ist. Dann hat er auch eine Brille an, denn er möchte nicht erkannt werden. Dann zieht er so eine Hose wie ich oder so einen Pullover wie ich an. Dann, wenn Gefahr ist, hört er das durch sein Ohr. Das ist seine Kraft.

Frage: Was macht er, wenn er Clark Kent ist?

Serkan: Dann ist er so wie ich, so ein normaler Mensch, dann geht er rum – ganz lieb! Und wenn er die Brille auszieht, dann erkennt ihn jeder. Er will nicht erkannt werden!

Frage: Was meinst du, warum er nicht erkannt werden möchte?

Serkan: Der will nicht erkannt werden, nie, nie! Der will das nicht! Weißt du, warum die anderen ihn nicht erkennen? Weil er seine Brille anhat. Dann, wenn Gefahr ist, zieht er sie aus, dann reißt er seine normalen Sachen aus, dann ist er Superboy.

Frage: Was macht er dann, wenn er Superboy ist?

Serkan: Der hilft den anderen Leuten, z.B. wenn da ein starker Mann kommt, der die ganze Welt zerstören will, dann vernichtet er ihn.

Frage: Ist Superman stärker als der Mann, der die Welt zerstören will?

Serkan: Ja, er kriegt ja seine Kraft von seinem Gott, oder wie das da heißt. Er gibt ihm die Kräfte.

Frage: Wenn du so ein Superman sein könntest, was würdest du dann machen?

Serkan: Das gleiche wie er!

Frage: Möchtest du auch nicht erkannt werden?

Serkan: Nieee! Ich will nicht erkannt werden! Dann bin ich ja er, er will das ja auch nicht!

Frage: Wenn du Superman wärest, gegen wen würdest du denn deine Kräfte benutzen?

Serkan: Zum Beispiel gegen einen Mann, der die Welt vernichten will.

Frage: Möchtest du auch Geheimnisse haben wie Superboy?

Serkan: Nein, wenn mein Vater und meine Mutter mich sehen, dann sage ich das ja auch. Sie müssen ja wissen, daß ich Kraft habe. Dann sage ich meinen Eltern, daß sie dieses Geheimnis den anderen nicht sagen, nie, nie!

Frage: Warum müssen deine Eltern das wissen?

Serkan: Ja, weiß du, Superboys Eltern wissen das ja auch.

Frage: Und die anderen?

Serkan: Nein, sie sollen es nicht wissen. Ich will ja unerkannt bleiben. Nur meine Eltern können es wissen. Dann hat er einmal seine Brille verloren und seine Kraft, dann hat ihn eine Frau gesehen, Gott sei Dank nur eine, dann hat er einmal auch seine Kraft verloren, aber sein Gott, oder wie das heißt, hat ihm wieder Kraft gegeben.

Frage: Wenn du in Gefahr bist, hast du dann auch Hilfen?

Serkan: Weiß ich nicht. Aber vielleicht kommt ein Engel, dann kann ich die, die mich ärgern, in den Bauch treten.

Frage: Hast du noch andere Idole?

Serkan: Ja, Bugs Bunny.

Frage: Was macht denn der Bugs Bunny?

Serkan: Der macht immer so Tricks, wenn ihn jemand erschießen will. Dann macht er ein Loch in die Erde, dann macht er die Kanone länger und länger, bis sie vom anderen Ende rauskommt. Dann schießt er die Bösen ab, so: dür, dür, dür, bruchscht. Der ist witzig.

Frage: Wenn du dir das aussuchen könntest, welche Hilfsmittel oder Kräfte würdest du dann besitzen wollen?

Serkan: Von Superman seine Kräfte und den Mantel. Dann, falls mich jemand ärgert oder
haut oder schlägt oder so, die Trickse von
Bugs Bunny. Dann, falls mich jemand erschießen will, dann haue ich wie er:
bugsch, bugsch, bugsch!*

Mich beeindruckt an diesem Gespräch, wie Serkan
sich (oder Superboy) den Kraftmantel von der Mutter machen läßt, die einfach da ist, wo er oder sein
Held landet. Es gibt keine Frage, woran sie zu erkennen ist, keine Prüfung. Sie und der Vater werden zu
Eingeweihten: Sie dürfen als einzige das Geheimnis
kennen. Das ist zwar laut Serkan im Original auch
so, aber es scheint ihm sehr wichtig zu sein, nicht
allein zu sein, auch nicht mit der Stärke, die so er-
folgreich das Böse bekämpfen kann. Überhaupt
spielt die Aussage „Ich bin insgeheim jemand anderes" eine wichtige Rolle. Niemand kann ihn beim
Wort nehmen, für eigene Dienste beanspruchen. Er
allein entscheidet, wann er hervortritt und wann es
den Anlaß dazu gibt. Wenn er tätig wird, hat er das
Recht auf seiner Seite, das Böse ist unhinterfragt aus-
gemacht. Die Kraft hat göttlichen – „oder wie das
heißt" – Ursprung, sie ist – so scheint es – wie eine
Verantwortung und Sendung gegeben, ohne daß der
Empfänger darum gebeten hat. Daß die Kräfte nützlich sind, darüber gibt es keinen Zweifel. Im Alltag

---

* Neriman Nazli, türkische Studierende an der staatlichen
Fachschule für Sozialpädagogik in Hamburg-Altona, führte das
Gespräch mit Serkan und zeichnete es auf.

von Serkan gibt es genug Bedrohungen, reale oder vorstellbare, für die er sich mit der Superboyidentifikation wappnet. Dennoch reicht ihm ein Idol und eine Kraft nicht aus: Er möchte auch die Pfiffigkeit und den Witz von Bugs Bunny besitzen. Serkan gestaltet seine Idole selbst, deutet sie in seinem Sinne (d. h. auch für seine Bedürfnisse) und entwickelt die Vorstellungen, die ihm für seine aktuelle Lebenssituation wichtig erscheinen.

Wie oft wird diese Eigenarbeit übersehen und Kindern unterstellt, sie würden sich verausgaben an Fernsehsendungen und Comic-Helden und ihre eigene Person dabei vernachlässigen. Hinter diesem Konsumvorwurf steckt ein sehr oberflächlicher Blick auf Kinder und auf das, was sie wie beschäftigt. Ihre Medienvorlieben werden oft nicht beachtet – oder sogar negiert. Dem folgt dann der Versuch, Kinder mit Alternativangeboten zu ködern, ihnen die selbst gewählten Idole auszureden und durch „anerkanntere" zu ersetzen. Auch dieses Anliegen ist Ausdruck einer Außenansicht von Kindern, eine eingeplante Korrektur, die vernachlässigt, daß es zuallererst die Persönlichkeit Kind ist, die sich um eine Bewältigungsarbeit bemüht und dabei Respekt sucht. Unbeliebte Fernsehprogramme gegen Kinder auszuspielen bedeutet vor allem, im pädagogischen Blick das Kind zu verlieren. Machen wir uns die Mühe, Kinder beständig und staunend zu be(ob)achten, so stellen wir fest, daß sie durchaus unterschiedliche Bedürfnisse artikulieren, unterschiedlich bearbeiten und als Interessen oder gar Ansprüche ausdrücken.

Sie tun dies in Ausdrucksformen, die wir nicht ohne weiteres verstehen, und sie leisten dabei Deutungs- und Konfliktlösungsarbeit, die unserer Art und Weise, mit dem Leben umzugehen, oft sehr fremd ist. In dieser Form der Beachtung, des Staunens, des Suchens und Nachdenkens, in diesem Dialog mit Kindern also, sehe ich die einzige Chance, ein wenig begreifen zu lernen, was Kinder selbst und mit anderen Kindern zusammen leisten, was sie von uns erwarten, was ihre sehr individuellen und verschiedenartigen Bedürfnisse sein könnten, welche Themen in ihrem Selbstkonzept entscheidend sind.

Bei solcher Art Begegnung stoßen wir auf dreierlei bemerkenswerte Dinge, die unser Bild vom Kind nachhaltig beeindrucken können: Erstens bemerken wir, daß Kinder Akteure ihrer Entwicklung sind, d.h., sie sind weder Mängelwesen noch unwillig und interessiert noch ständig bedürftig auf uns angewiesen, um ihr Selbst und seine Beziehungen gestalten und entwickeln zu können.

Zweitens wird bemerkt, daß Kinder ganze Menschen sind. „Zum einen sind sie keine Viertel- oder Halbwesen, die über kontinuierliches Hinzufügen von Merkmalen zu Erwachsenen komplettiert würden. Sie sind jeweils volle, reiche und immer wieder erneuerte Geschöpfe. Zum anderen sind Kinder insofern ganze Menschen, als sie im Vergleich zum Erwachsenen noch ziemlich unspezialisiert sind. Beim Kind sind die leiblichen und seelischen, die gefühlsmäßigen und die geistigen Vorgänge noch weitgehend verschmolzen, noch wenig diffe-

renziert. Die verschiedenen Sinneswahrnehmungen
sind stärker aneinandergekoppelt als bei Erwachsenen. Gefühlsbewegungen und Körperbewegungen
schwingen ineinander."[*]

Das bedeutet, daß Kinder anders empfinden, ausdrücken und deuten, was ihnen wichtig ist, was
sie quält und was sie möchten. Das wiederum
meint, daß sie auch andere Bedürfnisse als Erwachsene entwickeln und auch eine andere Befriedigung
suchen.

Daraus läßt sich nicht schlußfolgern, diese Bedürfnisse seien in einem Katalog zu formulieren. Viel-
mehr gilt es, sich auf den Weg zu machen, Kinder
in all diesen Facetten kennenzulernen, bevor man
– mit ihnen zusammen – eine Interpretation und
daran anschließend Planungen und Lösungsver-
suche finden kann.

Und drittens bemerken wir durch solcherlei kon-
zentrierte Beachtung der Kinder, daß sie immer
auch schon sozial sind und nicht erst durch unsere
Fördermaßnahmen und -programme werden. Nur
im Dialog mit Kindern werden wir entdecken, daß
und wie sie sich auf ihre Umgebung ausrichten und
darin entwickeln; in dieser Interaktion reifen Bedürfnisse heran und verändern sich durch praktische Erfahrungen.

In einem solchen Prozeß sind wir und der Kindergarten ein wichtiger Teil, der allerdings in seiner
Wirkung nicht vorhersehbar und planbar ist, son-

---

[*] Martin Doehlemann: Die Phantasie der Kinder und was Erwachsene daraus lernen können. Frankfurt/Main 1985, S. 15 f.

dern in seinen Entwicklungsprozessen und -struktu-
ren immer wieder neu entdeckt und reflektiert werden muß.

So können wir offene Planung als Dialog mit Kindern beschreiben, in den Erwachsene und Kinder
gleichberechtigte Anteile einbringen. Aus diesen
entwickeln sich Fragen, Aufgaben und Aktionen,
die von den beteiligten Menschen gestaltet werden
und auf sie zurückwirken.

Erzieherinnen als Forscherinnen
Beispiel 9: Sammeln und Dokumentieren

Kommen wir noch einmal auf das Beispiel im vorigen Abschnitt zurück: auf die Idole von Serkan.
Was – so könnte gefragt werden – fängt die Erzieherin nun mit dem an, was Serkan ihr erzählt hat?
Möglich, daß sie irritiert ist – ihre Idole sind es ja
nicht, die da beschrieben wurden. Möglicherweise
stellt sie sich bewußt die Frage, ob sie Idole hatte
oder noch welche hat, wie sie selbst mit Ohnmacht
und Stärke, mit Selbstvergewisserung und Angst
umgeht oder was sie dazu träumt. Sie läßt sich an-
stecken von den Fragen um die Existenz, die Serkan
in dem Gespräch zum Ausdruck bringt, und gelangt
so mit ihm in eine Beziehung. Sie kann sich einstellen auf die Themen dieses 8jährigen Jungen, aber

auch ihre eigenen Konzepte integrieren. Ihre Annäherung an das Kind folgt dem Gesetz des Forschens und nicht dem „Des-schon-Wissens". Diese Haltung bezieht sich auf die Vorbereitung des Interviews, auf die konkrete Durchführung und auf die Überlegungen, die danach lebendig werden.

Forschen heißt auch, den Gedanken zuzulassen, daß wir alle noch wenig über Kinder wissen, daß es verschiedene Wege zur Erkenntnis gibt und daß die Wahrheit mehr als ein Gesicht hat. Diese Gesichter werden nicht immer durch uns Erwachsene entdeckt – und sie drücken mehr als ein Gefühl aus. Es ist dies ein Wechsel von Stabilität und Veränderung, von gesichertem Wissen und überraschenden, neuen Erfahrungen. Dieser Wechsel bringt Unruhe in den beruflichen Alltag, die man lieben muß, um sie auszuhalten und als Bewegungsenergie nutzen zu können. Diese Unruhe ist allerdings nicht orientierungslos und ohne Verwurzelung, wenn im Mittelpunkt die Menschen stehen, um die allein es geht: als Individuum und als streitbare Gemeinschaft, die den einzelnen trägt und vom einzelnen mitgetragen wird. In diesen Mittelpunkt gehört auch die Chance für jedes Kind, sich selbst vergewissern zu können sowie auch darin ermutigt zu werden, lernend zu Erkundungen mit offenem Ausgang und unsicherem Weg aufbrechen zu können.

So gesehen ist die Frage, was eine Erzieherin mit einem solchen Interviewergebnis anfangen soll, falsch gestellt. Die Beziehung zwischen Erzieherin und Kind hat sich ja bereits in diesem Gespräch neu gestaltet. Sie wollte doch nicht nur Informationen (das wird in der Führung des Gesprächs sehr deutlich), sondern sich dem Kind neu nähern, es aus seiner eigenen Sicht kennenlernen. Das wird dem Jungen viel bedeutet haben, und die Erzieherin wird das Kind jetzt anders sehen als vorher. Der Junge, das wird deutlich, leistet eigene Sinn- und Bewältigungsarbeit. Dies muß zuallererst gewürdigt und zu verstehen versucht werden. Erst in zweiter Linie kann – aber muß nicht – sich daraus auch eine thematische Planung ergeben, z.B. einer Gruppe von Kindern die Möglichkeit anzubieten, sich mit ihren Idolen zu befassen, oder besser formuliert, dieses Thema, mit dem sie sich bereits in ihrem Alltag beschäftigen, in den Kindergartenalltag hineinzubringen, Gestaltungsanregungen und -räume zu bekommen und in diesem Projekt neue Horizonte für sich zu entdecken.

Zu jeder offenen Planung gehört also immer das Forschen. Das Forschen wiederum beinhaltet das Sammeln: das Sammeln von Eindrücken, von Kenntnissen, von Informationen, von Materialien. Das Sammeln spielt im Leben der Kinder eine wichtige Rolle. Für Kinder sind Dinge, die sie sammeln, Bedeutungsträger; Besitz, der gehütet und über den selbst verfügt wird, Identifikationssymbol, Zeichen für ein Auskennen, Dazugehören, Maskottchen in unsicheren Situationen, vertraute Partner bei Fremdheit und Mißerfolgen, Tauschobjekte, mit denen man Freundschaften sichern kann, Zeichengeber für Kommunikation und Spiel, aber auch für Geheimnisse. Es bedeutet eben nicht nur Konsum und fremdbesetzte Phantasie, wenn sie Bildchen, Figuren und dergleichen sammeln, sondern auch eigene Gebrauchs- und Deutungsarbeit. In den verschiedenen Sammelgegenständen sind sehr unterschiedliche Appelle enthalten, Botschaften, die Kinder für sich in die tägliche Lebensbewältigung integrieren. So sammeln sie auch Erfahrungen und das ist, wie die Formulierung schon deutlich macht, zunächst einmal ein Zusammentragen, aus dem sich dann Strukturen und Konzepte entwickeln. Diese wirken auf nächste Aufmerksamkeiten – und nichts anderes bedeutet ja das Sammeln – zurück. Das Sammeln ist also kein äußerlicher Prozeß, kein bloßes Zusammentragen von Gegenständen, sondern ein Austausch- und Aneignungsprozeß zwischen Person und Umwelt.

In diesem Sinne ist auch das Sammeln als Teil von offener Planung gemeint: Regelmäßige schriftliche Be(ob)achtungen, Tagebuchnotizen, zunächst „lose" und ohne ordnendes Konzept zusammengetragen, in denen Fragen, Eindrücke, Ideen kurz notiert werden; dieses stärkt die Aufmerksamkeit, macht Gesehenes und Gehörtes zu Ein-Drücken. Sehr bald wird aus dieser Aufmerksamkeit eine reflektierende Aufmerksamkeit: Sinn scheint in den Notizen auf, Fragen und Nöte heben sich ebenso heraus wie Überraschungen, Verwunderung; Staunen stellt sich ein für den Ideenreichtum der Kinder und für ihre Leistung. All dies bringt Gedanken hervor, den Wunsch zu verstehen und damit anders umgehen zu lernen. Mitarbeitertreffen können, wenn sie sich mit Gründlichkeit und forschend dieser Fragen annehmen, zum Entdeckungskollektiv werden. Jede gedankliche Durchdringung, jede praktische Erfahrung bringt neue Aufmerksamkeiten hervor, kann Staunen, aber auch Verunsicherung auslösen. Es wird deutlich, daß Erfahrungen nur möglich sind, wenn man unterwegs ist und sie machen will. Stolpersteine können Anlaß zur Resignation sein, aber auch „Aha-Erlebnis" werden. Das kommt darauf an, mit welcher Haltung man sich ihnen zuwendet. Und immer wieder zu schauen, wie Kinder mit Stolpersteinen umgehen, was sie als solche bewerten und was dabei an Hilfen benötigt wird, auch das gehört zum neugierigen Sammeln und Forschen dazu, ist Bestandteil offener Planung. In dieser Tätigkeit entwickeln sich viele Ideen für mögliche Projektentwürfe.

Planung besteht hier vor allem darin, Fragen zu organisieren und die Vielfalt eines Themas zu erschließen. Die Erzieherin selbst hat sich an dieser Stelle zu fragen, welche Möglichkeiten ein Thema enthält: dies nicht bezogen auf pädagogische Zielformulierungen, sondern auf inhaltliche und stoffliche Aspekte sowie im Hinblick darauf, welche Gestaltungsmöglichkeiten denkbar sind. An dieser Stufe werden eigene Phantasien mobilisiert. Hier werden auch Kenntnisse angeeignet und Recherchen vorgenommen. Dabei wird die Erzieherin zwangsläufig zunächst den Bedeutungsgehalt, den sie dem Thema beimißt, im Vordergrund sehen, wird oft noch nicht ahnen können, wie sich Kinder dazu in Beziehung setzen werden. Das wird allerdings spätestens zu Beginn eines Projekts in den Mittelpunkt treten müssen – jetzt muß den Kindern ermöglicht werden, sich des Themas wirklich anzunehmen, und herausgefunden werden, wie sie das tun.

Zu den thematisch-inhaltlichen Aspekten, die in der vorbereitenden Phase bedacht werden, gehören naturwissenschaftliche, ästhetische, kulturelle, soziale und politische sowie symbolische Fragestellungen und Bewertungen. Die Erzieherin ist nicht Erfüllungsgehilfin für die Kinder, sondern sie ermöglicht Eigenarbeit, hat aber auch die Aufgabe, Sichtweisen zu erweitern, ein Thema für neue Erkundungen anzubieten und nicht einfach Vorhandenes zu verfestigen. So wird sie den Alltag in den Kindergarten hineinholen, aber auch bedenken, ihre Angebote in das Umfeld des Kindergartens auszudehnen, Horizonte zu erweitern, ohne die unmittelbare Erlebnis- und Erfahrungswelt der Kinder dabei zu vernachlässigen.

Im nächsten Schritt (spätestens) ist es wichtig, die Kinder zu beteiligen: zu hören, was sie bereits zu einem Thema denken, welche Erfahrungen sie mitbringen, welche Aspekte ihnen bedeutungsvoll sind, was sie dazu herausfinden wollen. Dann ergibt sich ein konkreter Anfang: Ein Projekt beginnt. Die Erzieherin hat sich so vielseitig wie möglich auf das Thema eingestimmt und hat für sich einen Entwurf (!) über den möglichen Prozeß entwickelt, in dem das Thema bearbeitet und entwickelt werden könnte. Wie dies dann konkret geschieht, wird viel von der Eigenarbeit der Kinder abhängen: von der Art, wie sie sich zu dem Entwurf in Beziehung bringen, wie sie diese Beziehung konkret ausdrücken und sichtbar machen, was in dieser Beziehung praktisch handelnd und gedanklich entsteht. Kinder und Erwachsene haben unterschiedliche Annäherungen und deshalb auch unterschiedliche Strukturen und Bewertungen.

In diesen Prozeß gehört auch die Dokumentation. Sie nimmt den Werdegang des gemeinsamen Tuns und Lernens auf; macht deutlich, was alle Beteiligten beschäftigt und wie sie damit umgehen. Sie ist nicht ergebnisfixiert, sondern orientiert sich an dem gemeinsamen Weg, an den Fragen, den Versuchen, Antworten zu finden, an den Experimenten, an den Meinungen, die dazu entstehen. Diesen Weg macht die Dokumentation für Beteiligte und Nichtteilnehmende anschaulich transparent. Hier erfahren zum Beispiel Eltern nicht einfach, was im Kindergarten „läuft", sondern was ihren Kindern geschieht und welches Geschehen ihre Kinder gestalten. Das ist ein Riesenunterschied zu Plänen, die Eltern im voraus als Legitimation für sinnvolle Kindergartenarbeit in festgelegten Zeitabschnitten mitgeteilt werden.

> Dokumentationen veröffentlichen nicht die Bemühungen von Erzieherinnen, sondern das gemeinsame Leben und Lernen mit Widersprüchen und Erfolgen und machen so Grundhaltungen und die von ihnen geleitete Praxis deutlich.

Erzieherinnen, die einen großen Teil des Tages mit Kindern zusammenleben, müssen sich entscheiden, ob sie sich drängenden Fragen stellen und sich selbst und den Kindern zuliebe darauf verzichten wollen, fertige Antworten zu geben. Sich durch Erfahrungen verunsichern zu lassen, bedeutet nicht nur, den Wichtigkeiten von Dingen und Beziehungen auf die Spur zu kommen, sondern auch etwas von der Sinnarbeit zu erfassen, die Kinder leisten. Es bedeutet die Lebenswelt der Kinder im Ganzen zu sehen – und sie darin als ganze Person –, die Fülle der Gegebenheiten wahrzunehmen – und in ihr auch Engen und Nöte –, die Kunst der Lebensbewältigung von Kindern zu würdigen sowie über die Vieldeutigkeit, mit der sie ihrem Denken und Fühlen Ausdruck verleihen, zu staunen. Hierin besteht ein lebendiger Alltag mit Kindern, in dem Spuren hinterlassen werden, Bedeutungen erspürt und im dialogischen Miteinander ausgetauscht und kreativ bearbeitet werden können.

Dies ist ein anderer Blick- und Tätigkeitswinkel als einer, der Leistungen oder Defizite separat ins Auge faßt und durch gezielte Planungen zu manipulieren versucht. Sich um das Lernen zu kümmern hieße also, Erfahrungen möglich zu machen und zu wollen; ein Lernen, bei dem die Begegnung, die Bewegung, das Unbekannte und das Suchen mehr zählt als fordernde und ordnende Begrenzungen. Nur so wird entdeckendes und forschendes Lernen möglich und die offene Planung ist ein Teil dieses Lernprozesses. In ihm sollte jedes Kind Einmaligkeit und Zugehörigkeit erleben können, Beeindruckungen erfahren und sich in vielen Facetten ausdrücken mögen und können.

Erzieherinnen folgen dabei den Kindern oder ge-

hen ihnen auch mal voraus – ohne dabei festzulegen, daß nur ihr Weg der richtige ist.

> Mit den Kindern unterwegs zu sein, bedeutet
> auch nicht, daß die Erzieherinnen auf jeder
> Strecke dieses Weges Fachleute sind, die sich
> schon vorher auskennen, sondern sie werden
> im gemeinsamen Gehen Fachleute: Kenner
> und Eroberer von Lebensabschnitten, Ent-
> deckerinnen und Forscherinnen, die Erfahrun-
> gen sammeln – vor allem die, daß jeder
> Schritt sie und Beziehungen verändert. Was
> dabei richtig ist, klären und erfahren die
> Beteiligten miteinander. Es ist kein abzuhaken-
> der Katalog, der das Leben in Regeln und feste
> Planungen einfriert.

Offene Planung ist ein Abenteuer, nie fertig, voller
Überraschungen, mit geordneten Abschnitten und
abenteuerlichen Umwegen. Aber sie ist nicht das
Zentrum, sondern das sind Kinder und Erwachsene
im Kindergarten, die sich der Planung als Hilfsmittel
bedienen, um Türen zu öffnen und Wege begehbar
zu machen.

Nachwort

Dieses Buch verarbeitet viele eigene Erfahrungen aus Kindergärten, Fortbildung und Ausbildungstätigkeit. Diese Erfahrungen wurden immer erst möglich im Kontakt mit vielen aufregenden Menschen – Kindern und Erwachsenen – und blieben lebendig durch neugieriges Fragen und die Suche danach, welche möglichen Antworten zusammen gefunden werden könnten.

Insofern entwickelte sich mein eigenes Lernen im Dialog, in der Bewältigung von Fehlern und Chancen und ist noch heute spannendes Abenteuer.

Ich danke den Kindern, die im Buch genannt werden, für ihre faszinierenden Beiträge.

Außerdem gilt mein Dank meinen Kolleginnen Uta Altevogt und Etta Krause, die in „ihren" Kindergärten mutig und phantasievoll neue Wege mit den Kindern probieren und von deren Erfahrungen ich viel gelernt habe.

Und schließlich danke ich meinen KollegInnen Linda Eisermann, Helmut Brutscher und Peter Gerdes aus der Fachschule für Sozialpädagogik in Hamburg für ganz entscheidende Anregungen, Herausforderungen und Ermutigungen sowie für ihre kritische Durchsicht des Manuskriptes.

Erzieherin heute

Marta Högemann
Erzieherin – kein Beruf wie jeder andere
96 Seiten, Paperback
ISBN 3-451-23575-7

Armin Krenz
Was Kinder brauchen
Entwicklungsbegleitung im Kindergarten
96 Seiten, Paperback
ISBN 3-451-23576-5

Erika Kazemi-Veisari
Von Kindern lernen – mit Kindern leben
96 Seiten, Paperback
ISBN 3-451-23579-X

Karlheinz Barth
Schulfähig?
Beurteilungskriterien für die Erzieherin
96 Seiten, Paperback
ISBN 3-451-23577-3

**Soviel Theorie wie nötig -
soviel Praxisnähe wie möglich**

HERDER